CLOUD BUSINESS ECON

云商经济

张发松◎著

经济管理出版社
ECONOMY & MANAGEMENT PUBLISHING HOUSE

图书在版编目（CIP）数据

云商经济/张发松著 . —北京：经济管理出版社，2015.1

ISBN 978 - 7 - 5096 - 3585 - 8

Ⅰ.①云… Ⅱ.①张… Ⅲ.①网络经济—研究 Ⅳ.①F062.5

中国版本图书馆 CIP 数据核字（2014）第 312589 号

组稿编辑：张　艳

责任编辑：高　娅

责任印制：黄章平

责任校对：王　淼

出版发行：经济管理出版社
　　　　　（北京市海淀区北蜂窝 8 号中雅大厦 A 座 11 层　100038）

网　　址：www. E - mp. com. cn

电　　话：（010）51915602

印　　刷：三河市海波印务有限公司

经　　销：新华书店

开　　本：720mm×1000mm/16

印　　张：13.25

字　　数：162 千字

版　　次：2015 年 7 月第 1 版　2015 年 7 月第 1 次印刷

书　　号：ISBN 978 - 7 - 5096 - 3585 - 8

定　　价：39.00 元

前　言

2009 年末上映的大片《阿凡达》风靡全球，影片中描述了地球人为争夺矿物元素 "Unobtanium"，不远万里来到潘多拉星球，并因此而展开搏杀。这是一场典型的因资源争夺而引发的星球大战。

其实，自古以来，小到邻里争吵大到国家战争，其本质大多是为了抢夺资源——生存资源（土地等）、生产资源（人口等）和发展资源（人才等）。

资源是一个神奇的概念，一经诞生就成为人人争夺的宠儿。狭义的资源主要指物质资源，广义的资源还包括虚拟资源。物质资源因为存在形式具体而较容易理解，虚拟资源则较为生僻，常人难以理解。现代社会，虚拟资源已经成为可以和物质资源相抗衡的资源体。"品牌效应"是虚拟资源最主要的表现形式之一，可口可乐之父罗伯特·伍德拉夫那句"即使可口可乐一夜化为灰烬，也可以凭借品牌东山再起"的惊世豪言就是最好的佐证。"名人效应"则是另一种表现形式。譬如电商从业者只要贴上"与马云合作"的标签，甚至与马云合个影，就可以立刻变得炙手可热，在这里"马云"两个字也是一种宝贵的虚拟资源。

无论是物质资源还是虚拟资源，对于每个人、每家企业甚至每个国家而言，都是只恨太少、不嫌太多的。但资源的产生和转移本身存在着大量的成本，这个成本并不是谁都能负担得起的。于是乎强者恒强，弱者愈弱，国家、社会和个人都呈现出严重的两极分化现象。

两极分化在造就竞争不公的同时，也在为弱势群体提供潜在的成长机会。再小的力量，如果聚合在一起，也会成为一股不容忽视的实力。弱势群体通过资源整合、抱团取暖，不仅能够温暖自己，更可以照亮他人。

本书创作的初衷在于：通过思维创新，打破常规的竞争规律，借助现代云技术另辟蹊径，汇聚分布在社会基层各个角落的细微资源，通过云商经济模式的整合，形成一股强大的力量，为企业提供由小到大的蜕变动力，帮助企业突破"瓶颈"，进入快速成长生命周期。

一根翠竹冒出地面后，只需50天左右就可以长成十几米的参天大竹，但它在地下扎根往往历经数年。长年累月的地下积蓄，让竹子根系覆盖范围达到三万多平方米，有时一整片竹林就源于一棵竹子。正是广袤的大地给了翠竹成长的动力，造就了一日生长数十厘米的成长奇迹。

每一家成长中的企业其实都是经济界的"翠竹"，其成长的高度取决于吸收资源（营养）的多寡。当下我们已经进入一个全新的云商经济时代，在现代云技术和云商经济圈平台整合的帮助下，每一家企业都有机会成为下一棵"参天翠竹"。

目　录

第一章　云商时代的新业态——"云商经济" …………………… 1

何为云商? ………………………………………………… 3

何为云商经济? …………………………………………… 6

何为经济圈? ……………………………………………… 7

何为云商经济圈? ………………………………………… 9

云商经济的三大特征 ……………………………………… 11

案例:从苏宁电器到苏宁云商,创造价值十倍增长奇迹………… 14

第二章　云商经济下的资源整合——未来商业创新的

　　　　核心动力 …………………………………………… 17

什么是资源整合论? ……………………………………… 18

资源整合,未来商业发展的必然要求 …………………… 21

1.2万亿元,这个庞大的数字,意味着什么? ……………… 23

当前商务发展的三大模式 ………………………………… 26

传统商务模式的不足和缺陷 ……………………………… 33

云商经济下的商务发展三大优势 ………………………… 39

案例：恒源祥的战略联盟体系 ……………………………… 42

第三章　云商经济下的资源整合优势——建立互补、协作的
　　　　 产业平台 …………………………………………… 45

登云端而观天下：资源整合就是为了"1＋1＞2" …………… 47

没有机会还是没有发现机会？信息资源整合重在信息调配交换 …… 49

为事业搭建腾飞的平台：要"欲穷千里目"，就要

"更上一层楼" …………………………………………………… 52

从点到面，再到"1＋1"的推荐和精确营销：每个人都是

一个新云商 ……………………………………………………… 54

无处不在的 App："云"已经渗透到我们的生活 ……………… 56

触目可及的二维码电子标签：更加快捷方便的二维码，见到

只需扫一下 ……………………………………………………… 59

"云时代"：工业经济向信息经济转化的巨变时代 …………… 61

当今企业之间的竞争，不是产品之间的竞争，而是商业平台

的竞争 …………………………………………………………… 63

云商是大势所趋：你是在产业链的最底端苦苦挣扎，还是到市场

的"富矿区"去"淘金" ……………………………………… 65

风风火火的 O2O 模式：从线上认购到线下参与 ……………… 67

自媒体时代的到来：信息碎片化下的社会化营销渠道………… 70

在参与互动中宣传品牌：有关系找到关系，没关系努力建立关系 … 72

层层递进，实现全民营销：消费者既是用户，也是内行，

更是"推销员" ………………………………………………… 75

案例：国际最佳旅游联盟 ……………………………………… 77

第四章　云商经济下的商务发展趋势——对传统商业生态的

**　　　　　革命性颠覆** ……………………………………………… 79

打败传统商务的趋势是什么？ ………………………………… 81

传统商务的局限性：耗费多、成本高、效率低 ……………… 83

资源整合最大化：只有善于利用资源，才能实现利益最大化 … 86

资源交换与资源互补：唯有互补合作，才能实现共赢 ……… 90

做一个健康的"混血儿"：云商务与传统商务有效融合 …… 92

立体式经营渠道：多样化开发市场，让传统商务与在线商务

齐头并进 ………………………………………………………… 95

控制成本："发家致富"的根本 ……………………………… 98

提升速度：速度即一切，快慢定成败 …………………………101

减少层级：层级少才能效率高 …………………………………104

案例：海尔的网络革命和基因革命 ……………………………107

第五章　云商经济下的电子商务的发展趋势——线上线下有效

**　　　　　互动是关键** ………………………………………………111

从云商经济圈发现生意：优中选优，赢在起跑线 ……………114

从贸易商发展为制造商：让追求价格变为追求价值 …………116

从制造商升级为品牌商：一件产品就是一个媒体 ……………119

从线上延伸到线下：线上求发展，线下"插翅膀" …………122

快速积累：完善的运营体系，持续增长自身实力 ……………125

功能整合：充分利用云商经济圈，联合创建商海航母群 ……128

角色转化：不和其他电商竞争，在红海中创造蓝海 …………130

用数据来说话：云商经济下的新型电子商务 ·············· 133

数据化：未来云商的神经系统 ·············· 135

云商平台大数据：信息大爆炸 ·············· 138

案例：四海商舟，电商界的"一条快鱼" ·············· 141

第六章　云商经济下的微商务——在传播与分享中实现理想 ··· 143

微商务的核心：传播和分享，而不仅仅是买和卖 ·············· 144

云商经济下的新型微商务：基于云端的无限扩展 ·············· 147

门槛很低：只要你会用手机，你就能成为微云商 ·············· 152

传播速度更快：用信息传播带动资源整合 ·············· 154

成交率更高：用影响力塑造企业营销力 ·············· 156

用户第一：从"以产品为中心"转向"以市场为中心" ·············· 158

个性化定制：不同的产品对应不同的服务受众 ·············· 162

案例：App 营销案例 ·············· 164

第七章　云商经济下的快速成长模式——构建新一代

网购平台 ·············· 167

云商矩阵中的信息：没钱不是失败，没有信息才是真正的失败 ·············· 168

贡献剩余资源：加入云商经济圈不是竞争，而是合作 ·············· 171

选择互补资源：交互许可，双向购买 ·············· 173

建立圈内文化：消费者之间的网状沟通 ·············· 175

"智"链整合：强化自我优势，找准弥补短板的队友 ·············· 177

"财"链整合：改善投、融资环境，构建投、融资平台 ·············· 180

"物"链整合：确保无缝隙对接，优化物流通道 ·············· 183

"商"链整合：时代在变，客户需求也在改变 ············· 185

用云商构建自己的经济圈：每一家公司和组织都是一个社交网络 ··· 187

粉丝思维：没有消费者，没有用户，只有粉丝 ············· 189

统筹协调，创造圈中圈：在大的云商经济圈之下发展行业圈

或类别圈 ··· 193

案例：阿里巴巴平台开放，打造行业经济圈 ············· 194

参考文献 ··· 199

后　记 ··· 201

第一章 云商时代的新业态
——"云商经济"

云技术是目前全世界范围内异常火热的一个词汇。国内外的各大信息技术公司纷纷推出云技术的计划和解决方案。虽然目前对其没有统一的定义，但是一般认为，云技术是将网上的一组公有或私有的计算机，以公开的标准和服务为基础，通过网络提供安全、快速、便捷的数据储存和计算服务。通过云技术的应用，我们可以将千万甚至过亿的"云"进行计算，从而提供给平台上的任何一家企业，作为他们的数据，为其服务。

电子商务就不用多说，阿里巴巴在美国纳斯达克上市告诉我们，它将是未来很长一段时间内最为流行的一种商务模式。仅就中国电子商务发展的现状来看，据艾瑞咨询曾经发布的《2010 年第二季度电子商务核心数据》显示，中国电子商务整体市场交易额规模稳定增长，环比增长 10%，达 1.1 万亿元，其中网络购物维持在 9.9%，B2B 电子商务交易份额则达到 88.8%。因此，电子商务越来越受到企业的重视，尤其是传统商务模式的乏力，让传统企业也纷纷将目光聚集到电子商务上。

云计算对商务领域的影响是广泛的，也是深远的。具体体现在以下四个方面：

一是对关系型数据库的影响。在大数据的时代，电子商务对于大数据的依赖程度很高，电子商务企业的产品设计，以至于整个企业战略规划都要依赖于大数据，而现在的数据库，往往都是关系型数据库。试想，在跨越地理空间之间执行复杂查询、设计和维护不同位置的数据备份，保持数据的同步等操作是非常困难的。随着云技术在电子商务领域的大量应用，数据库内容可以随意分享给云平台上的每一个企业，人们一般以群集的方式看待数据，所以对电子商务数据库的构建将产生重大影响，从而影响到整个电子商务的发展。

二是对计算机操作系统的影响。云技术和计算机操作系统的结合产生新一代的操作系统——云操作系统。其最大特点是网络化。云中涉及的各种软件、硬件资源均由云操作系统进行管理，云操作系统会将收到的任务根据云中各个服务器的资源进行分解，再发送给相关服务器进行处理，最后得到返回的结果；同时，云操作系统还会将用户的存储资源分布到各个服务器上，以实现资源共享。此外，云操作系统还具有安全的特点。未来的云操作系统将会实现无病毒、数据安全、存储方便、共享方便、软件安装使用方便、计算机资源可以动态扩充的多种优点的网络服务。

三是对电子商务应用的影响。云技术的应用和服务，最重要的就是云存储，云存储既可以提供个人级的云存储，也可以提供企业级的云存储。进行电子商务的个人或企业通过租赁云的存储空间作为电子商务数据的存储，不仅可以减少软硬件的投入，还可以减少设备的运行维护成本；而且由于云存储都有远程备份或远程容灾系统，可以用最小的代价确保电子商务数据的安全。

四是对电子商务搜索引擎的影响。目前云计算最成功的使用就是搜索引擎，所以搜索与云技术是分不开的。利用云技术进行电子商务的搜索，不仅能够搜索相关商品的信息如图片、地址、生产厂家等，还可以看到其中不同厂家产品的对比，甚至还可以看到如开车线路、公交等相关信息。通过云技术实际上可以把以前的几个不同的搜索引擎进行整合，一个搜索相当于启动了多个搜索引擎为客户服务。

总之，通过云技术可以将互联网上某些节点强大的各种软硬件资源，通过互联网向广大用户提供服务，变成这些用户的可伸缩的虚拟资源；同时云技术又强调需求驱动、用户主导、按需服务、即用即付、用完即散，不对用户集中控制，用户不关心服务者在什么地方。这些特点特别适用于企业进入电子商务领域。云技术应用将会越来越普遍，将来有可能成为电子商务的一种标准模式，对电子商务的发展产生深远的影响。

何为云商？

2012 年以来，中国的商业似乎让人看不懂，先是线上线下的家电零售业大打价格战，让旁观者眼花缭乱，随后价格战又发展为舆论战、阴谋战，到了岁末，又出现戏剧性的一幕，马云与王健林的亿元豪赌为人们欢度春节增添了不少谈资。不过这还不是结局，苏宁董事长张近东又称"去电器化"，启动"云商模式"转型，改名为"苏宁云商"。

在中国各大企业玩得不亦乐乎的时候，我们不禁要问：到底云商是什么？

云商的概念虽然不是苏宁首先提出来的，但是苏宁让我们首先认识了云商。何为云商？苏宁的高层在各种场合解释说："未来的零售企业，不独在线下，也不只在线上，一定是线上线下的完美融合，没有线上就没有线下，有了线下才能有更好的线上。"

这个解释看起来有些费解，但毫无疑问的是，目前云计算作为最热门的发展领域，已经受到了产业链所有环节的重视。"云"，是网络、互联网的一种比喻说法。过去在图中往往用"云"来表示电信网，后来用来表示互联网和底层基础设施的抽象。云计算是基于互联网的相关服务的增加、使用和交付模式，通常涉及通过互联网来提供动态易扩展且经常是虚拟化的资源。

云计算产业实际上是一种商业模式的创新和企业需求的结合。传统模式下，企业要建立一套 IT 系统，不仅仅需要购买硬件等基础设施，还需要购买软件的许可证，需要专门的人员维护。随着 IT 技术的不断个性化以及互联网功能的逐渐增强，企业家们提出了新的构想：可不可以有这样的服务——它能够提供我们需要的所有软件，这样我们只需要在使用时支付少量"租金"即可，因为"租用"这些软件服务能节省购买软硬件及组建技术团队的资金。由此，"云计算"应运而生。

各个企业因为云计算服务的参与，使组织架构变得越来越灵活，在管理模式甚至是工作方式上都会发生重大改变，企业将打破组织协作障碍，进行低成本运行。因此，企业对云计算技术和服务模式的认同和使用是毋庸置疑的，并且越早使用，企业竞争力也会提升得越快。

云计算技术和服务模式被我们称为云商模式，通俗来讲就是"腾云驾'物'"，其中的"云"，就是指云商平台，通过云商平台，以电商集群的方式，通过供应链的有效链接组成"商务云"生态系统，在产品、服务、营销推广等方面实现资源共享。

值得注意的是，这种以电商集群的方式发生了很大的变化，之前的电子商务，虽然也都在线上，但是都是各做各的，没有形成集群或者上下游关联，云商模式则最大限度地整合了资源。"物"就是线下实体店网络，以众包模式，将行业制造商、分销商、零售商，和提供本土化设计、物流、安装的优质服务商，纳入统一的云制造服务体系，实现真正的社会化服务。

云商模式的践行者和领先者被称为智慧云商，也就是刚才我们提到的云商。用一个公式表示就是：信息＋应用＋基础设施无处不在＝平台应用跨地域、跨终端、跨系统、跨平台。

云商是基于云策略的商业通用架构，采用云计算服务中间件集成技术和超强的资源整合能力，立足于成熟商业模型的服务交付，跨传统、公共云计算、云服务产品而衍生的一种新型商务。

云商的使用，不管用的是笔记本、平板电脑还是智能手机，不管操作系统是 Android 还是 IOS 及 WP，已经实现了全面覆盖，可以轻松实现平台的构筑、管理、运营与服务。其平台应用组件涵盖了管理云平台、服务云平台、营销云平台等应用服务，还有配套的云端智慧库，并依托强大的后端广告联盟及第三方市场，为用户端提供了丰富的平台推广及运营收益途径。

一站式服务，融合了云计算硬件、云应用服务、广告联盟市场及云端智慧库等服务矩阵。云商平台化服务对传统企业的帮助是，云服务将技术端的技术能力和用户端的行业能力有机地结合起来，从而产生巨大的放大效应。云商所提供的平台服务除了产品技术、平台和品牌外，还包括在营销推广、市场盈利、运维咨询等层面。

作为国家"十二五"规划大力推进的应用云计算、物联网的产业，获得了巨大的产业发展机遇。随着国家相关产业政策的深入实施，以及移动智能终端的广泛应用，移动应用服务、云应用服务都将获得广阔的市场发展空间。

何为云商经济？

当人类社会走进云商时代，一场因广度而引发的深度经济变革悄然降临。从信息通道到线上生活，从塑造外在环境到变革人类生存方式，云商掀起了一场在数字与数据中重新寻找价值与意义的革命。目前，这次革命仍在持续深入，移动互联网、大数据、云计算、物联网等新技术和新业态方兴未艾，云商经济正迎来新一轮爆炸式增长。

众所周知，知识经济是以电脑、卫星通信、光缆通信、数码技术和云计算技术等为标志的现代信息技术和全球信息网络"爆炸性"发展的必然结果。在知识经济条件下，现实经济运行主要表现为信息化和全球化趋势。这两种趋势的出现无不与信息技术和信息网络的发展密切相关。现代信息技术的发展，大大提高了人们处理信息的能力和利用信息的效率，加速了科技开发与创新的步伐，加快了科技成果向现实生产力转化的速度，从而使知识在经济增长中的贡献程度空前提高；全球信息网络的出现和发展，进一步加快了信息在全球范围内的传递和扩散，使传统的国家、民族界限变得日益模糊，使整个世界变成了一个小小的"地球村"，从而使世界经济发展呈现出明显的全球化趋势。因此，知识经济实质上是一种以现代信息技术为核心的全球网络经济。

在这样的一个大环境下，也为云商的发展奠定了基础，尤其是现代云技术的突破性发展，使云端这个平台的打造成为可能，这个平台比起互联网其他技术，都要便捷、包容性更大。随着互联网经济的发展，云商经济的时代正慢慢地向我们走来。

何为云商经济？云商经济又称云圈经济，是一种新型经济体系，在这种体系下产品生产和服务销售通过现代云技术（如 App、云存储等）和云商经济组织的市场化配置完成。云商经济把分布在不同阶段、不同区域、不同行业的企业进行系统整合，实现剩余资源或衍生资源的共享交换，从而以低成本满足企业快速成长所需的各种资源。云商经济模式改变了过去单一企业的个体独立、缓慢的资源积累发展模式，开创了全新的整体资源共享和自动回馈机制。每一个组织成员既是资源的使用者、受益者，更是资源的供应者、维护者。

云商经济是基于云技术所产生的经济活动，在当今发展阶段主要包括传统商务和新型电子商务两大类型。云商经济是信息网络化时代产生的一种崭新的经济现象。在云商经济时代，经济主体的生产、交换、分配、消费等经济活动，以及金融机构和政府职能部门等主体的经济行为，都越来越多地依赖云技术，不仅要从云端上获取大量的经济信息，而且依靠云端大数据进行预测和决策，许多交易行为也可以直接在云端上进行。

何为经济圈？

古人云："物以类聚，人以群分。"用现代人的话说则叫"圈子"。"圈子"帮助我们的祖先免受肉食动物的侵害，让部落在最恶劣的环境下得以生存。人是群居动物，一个人的成功只能来自他所处的人群及所在的社会。

中国是个讲究"朋友圈"的国家，在以价值为取向的商业社会里，个人拥有的人脉关系逐渐演变成了一种十分重要的资源和价值体现，"圈子"对于个人来说，更重要的是带来经济的价值，只不过现在这个概念被扩大，称其为"经济圈"。

通俗意义上的经济圈是一个经济区域的概念，也就是指客观存在的经济区域，为了共同利益和目的而结合的结构系统。这里主要从地域的自然资源、经济技术条件和政府的宏观管理出发，组成某种具有内在联系的地域产业配置图。

经济圈一般都有原材料生产区、能源生产区、加工区和农业基地，从而构成一种综合产业圈。比如中国的京津冀经济圈、珠三角经济圈、长三角经济圈都有这样的特点。

经济圈是现代经济中一个具有划时代意义的概念，由法国地理学家戈特曼首创。百度百科阐述经济圈的概念是："经济圈又称大城市群、城市群集合、大经济区、大都会或都会区集合，属于20世纪90年代开始渐渐出现的中文地域经济用语。指一定区域范围内的经济组织实体，是生产布局的一种地域组合形式。经济圈主要是从地域的自然资源、经济技术条件和政府的宏观管理出发，组成某种具有内在联系的地域产业配置圈。"

本书中所提到的经济圈概念，与城市经济圈相似但不同，它是企业与企业、行业与行业所建立的经济圈，地域范围既可以很小，也可以很大。比如跨国公司所形成的经济圈和小公司所形成的经济圈，其地域差别就很大。

全球经济一体化的经验表明，经济圈在区际乃至国际经济竞争与合作中的作用越来越重要。事实上，经济圈也早已成为衡量一个国家或地区社会经济发展水平的重要标志。

经济圈对圈内成员的作用主要包括以下两个方面：

首先，聚集资源增强竞争力。在经济全球化的大背景下，国际、区际竞争越来越激烈，区域经济越来越要求区域经济体的联合，通过分工协作和区域之间的协调对话，建立有竞争力的区域实体，参与世界经济分工交流。企业运用经济圈打造竞争力，也应该建立相应的经济圈，分工合作、精密配合，形成一个整体的产业链，通过完善的基础设施、强大的产业集聚和经济规模参与全球性市场竞争。

其次，通过经济圈带动所有成员的共同发展。企业间建立经济圈，各个企业间是一个整体，企业之间建立网络化，大、中、小企业的经济将密切联系、互相扶持，发展也将趋于一体化。比如说，城市经济圈的区域经济空间组织模式，可以实现城市间生产要素和产业集聚与流动，有利于该城市发挥自身的比较优势和竞争优势，强化城市功能和城市个性，壮大城市经济势力，加速区域城市化发展。

总之，经济圈相当于我们时常提到的"朋友圈"，企业与企业间资源共享，发挥自己的优势，在经济圈强大的同时，经济圈里的每个成员都将同步发展。

何为云商经济圈？

早期的云商基本上属于综合云商，这类网站就像沃尔玛大卖场一样，综合了各式各样的商品，随着云商的不断完善，各个细分领域的用户群也越来越大，细分行业逐步从大卖场分离出来，网民可以通过自己的需求选择专业的云商，在综合性云商占据绝大部分市场的情况下，越来越多的行业云商已经在综合云商市场之外寻求专业化细分领域的发展，云商格局开始从集中走向分散。不难预料，不久的将来，在各个领域就将会形成自己的云商经济圈，经济圈内的成员就像刚才我们提到的，他们就好像朋友、家人，共享资源，共同变得强大起来。

云商经济圈，其实就是云商所组成的互相帮助的"朋友圈"，这是云商发展的必然，也是专业化发展的大趋势。

结合上面我们对云商和经济圈的解释，"云商经济圈"是指通过现代云技术如 App、云存储等，高效整合圈内成员各类闲置的商业资源，以低廉的成本在圈内共享，帮助圈内成员以最小的成本、最快的速度获得稀缺的成长资源，从而促进圈内成员集体发展壮大的一种新型经济协作体。通过云技术，可以把分布在不同阶段、不同区域、不同行业的企业有机地整合成一个群体，顺利实现剩余资源交换，实现成长资源供给和平衡。

云商经济圈是整合各类垂直、细分的产品资源，形成上下游精准产品的云电子商务圈，聚集"1＋N"产品商圈组合拳模式的电子商务咨询平台大商圈。"1＋N"的含义："1"是指云商圈中至少有一项产品商圈属于本行业本公司经营类产品；"N"是指多个上下游产品商圈；"1＋N"是多个产品商圈的联合加上云应用服务的理念形成的云商圈。

云商经济圈可以是一个小的经济圈，就是上面我们提到的细分的、专业的市场，当然也可以是大的经济圈，这又回到原始的形态，将各个小的经济圈组合成一个大的经济圈。它可以是一个垂直的大市场，但并不是一个行业，其包含的多个产品商圈则是多个小市场，推广一个大市场就能带动旗下的多个子市场的发展，更重要的是每个子市场又可以作为一个独立的市场来发展。

综上所述，云商经济圈就是采用云技术，形成的一个细分的、专业的小圈子，再由这些小圈子形成大的云商经济圈，圈中成员可以分享到各个专业领域的资源，当然因为分享，整个圈子也将变得越来越强大，这些都和云商经济圈的优点、特征分不开。

云商经济的三大特征

云商经济极大地提高了传统商务活动的效益和效率，这和云商经济的三大特征所带来的优势是分不开的。云商经济的三大特征是云资源、云分享和云回馈。如图 1－1 所示：

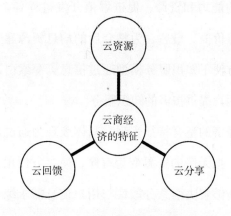

图 1－1　云商经济的三大特征

云资源是通过云技术整合起来的资源。从云商经济的定义我们可以看出，其最大的特征就是整合，这也是它的立项之本。从 2006 年 Amazon 宣布 Amazon Web Services 云计算平台的实现，以及后来的 Dell、IBM、Google 等云计算厂商也提供了云计算平台，近年来云计算更是受到学术界和 IT 行业的推崇。可以这样说，现在已经进入云计算时代。它是一种全新的计算模式和服务模式，通过网络以按需、易扩展的方式方便用户获得所需的服务，这种服务不只是 IT 和软件，也可以是其他以网络为基础的服务。在云计算环境的支撑下，较好地解决了信息资源"孤岛"、共享性差、分散而不能充分满足人们需求的问题。

首先，传统的信息资源整合只是把分散的资源集中起来，把无序的资源变为有序，它包含了信息采集、组织、加工以及服务等过程。而在云环境下的信息资源整合不仅要将分散的资源集中起来，更重要的是要描述信息资源之间的关系，将信息资源进行自动化聚类与分类，从而方便用户获得按需、易扩展的信息资源。其次，通过融合多种信息资源集成方法的虚拟化技术，整合云计算兴趣方的能力和资源，促进增值开发过程各个环节的资源共享、彼此互补，共同创造价值。最后，为整合后的信息资源建立索引形成信息云资源，这就极大地方便了知识服务模型通过信息资源索引这个透明接口获取信息资源，从而为用户提供按需的知识服务。

云资源是云商经济的整合特征表现，具体表现为通过信息资源整合将分散的资源集中起来，把无序的资源变为有序，使之方便用户查找信息、方便信息服务于用户，能够解决信息分散性与用户信息需求综合性的矛盾，解决信息资源利用率低的问题，实现信息增值服务，并有效地解决信息资源共享的问题，从而最大限度地满足用户的信息需求。

云分享是通过云技术分享的资源。其实"云"计算不是什么新鲜事物。云计算更代表的是一种分享，是对于基础设施的分享，和对于自身有的而别人没有的资源的分享。比如说之前亚马逊做的基础设施的分享、技术的分享，对于企业来说，分享代表了成本的降低。通过分享，一般规模的企业可以获得大公司才拥有的技术。否则的话，相对较小的企业自己去建设这种技术，需要去建设一个 CDN，以及去各个地方部署结点，这个成本真的是非常大，根本是不可想象的。所以说，之前从来不敢想的事情，在云计算时代可以轻轻松松地做到。这实际上就是一个分享的作用。

在云商行业，云计算其实已经是一个非常深入人心的话题，一些服务商对云计算非常感兴趣。云计算有非常重要的一个特点，销售的分布非常不均匀，和快消品行业一样，有淡季、旺季。在旺季的时候，网站的流量和资源是非常大的，占到全年销售额的一半左右，这个时候是对资源的突发性的增长，它的 DCN 的需求就非常大，在这种情况下，就是把它分享给别人的时候，而在平时，可以用作其他方面。

云回馈是通过云技术回馈的资源。云商经济圈就是一个圈子，圈子内的成员就相当于朋友，如果你只是一味地从平台商吸收资源，就无法为这个平台做出贡献，这个平台慢慢也会因为无法得到新的资源供给而慢慢枯竭。当然这只是一个比喻，这就是我们所说的云商经济第三个特点：云回馈。

云商平台一方面可以整合无序的、闲散的资源，使其变得有序，充分满足人们的需求；另一方面这些资源可以为每一个平台内的云商所使用。对消费者来说，不仅可以通过云平台分享到资源，同时也能回馈给平台，将自己有的而别人没有的资源和别人共享，从而形成一个良性的循环。对企业来说，每一个企业不仅可以从云商组织中获得资源，同时它本身也是一个资源回馈体,从而形成"整合—分享—回馈"一体的资源成长体系,使得资源不仅不怕因为使用而减少,反而会因为使用而增加。

案例:从苏宁电器到苏宁云商, 创造价值十倍增长奇迹

2014年春节刚过,电商平台的争夺就开始出现白热化的趋势,淘宝网、京东商城等电商都在为春节后首个促销大日——情人节摩拳擦掌,一场价格大战必不可免。就在京东商城高调宣布成功融资7亿美元后不久,"苏宁电器"宣布更名为"苏宁云商",全力打造"电商+店商+零售服务商"的云商模式。

在媒体通报会上,苏宁副董事长孙为民称:"我们之前一直在提的是'亚马逊+沃尔玛'的零售方式,这次的'云商'是对过去三年苏宁科技转型已基本成形的一次总结。"苏宁电器董事长张近东给出的解释是:"它可以概括为'电商+店商+零售服务商',核心是以云技术为基础,整合前台后台、融合苏宁线上线下,服务全产业、服务各客群。"张近东还认为,云商模式不仅仅是苏宁跨越发展的新方向,也必将成为中国零售行业转型发展的新趋势。

在当时,苏宁云商的未来产品将覆盖实体产品、内容产品以及服务产品全品类,不仅销售电器、百货、图书、母婴、化妆品等实体产品,还将提供视频、音乐、数字应用、游戏、资讯等内容服务。到了现在,苏宁云商已经涉及金融、售后、生活、物流、数码、商旅、游戏等其他服务。

未来苏宁在线下连锁经营方面,可能将放缓开设单纯的旗舰店、超级店

的速度，而以苏宁生活广场（乐购仕）、苏宁广场为主要形式，一些达不到要求的门店或将面临被改造甚至关闭的命运。

为加快公司开放平台的建设，充分发挥苏宁物流体系优势，进一步实现有效分工协同、资源共享，提升客户服务专业化水平，苏宁经营项目增加"国内快递"。其实，2013年年底苏宁电器的快递业务经营许可申请就已经获得批准，成为继京东商城、凡客诚品等之后，又一个拿到快递牌照的电子商务企业。另外，苏宁的许可经营项目中还增加了预包装食品、散装食品批发与零售以及餐饮服务等业务。苏宁副董事长孙为民表示，这些新项目都是为便于苏宁品类拓展。他说："电子商务的发展要由零售企业自己主导，而不是由电商服务商主宰。"言外之意，以电商服务商立足的阿里巴巴不应主宰电子商务的发展，作为零售企业的苏宁，要通过转型担当起电子商务发展的主导力量。

北京电子商务协会秘书长林亚认为，服务商在零售行业是不可回避的，在电子商务行业更是如此，因为社会需要各种分工，关键是谁能领悟电子商务的核心，谁才能不断去开拓市场。国内某大型B2C企业高管表示，未来电子商务行业一定会有服务商的角色，无论是仓储配送还是做培训的服务商。有共同需求的领域，会产生有一定影响力的服务商，分散需求的领域，会形成区域的服务商。

很多人说苏宁云商线上线下互搏，面临京东的压力，不可能发展起来。其实在云商时代，这种线上线下并不互搏，而是适应了电商与传统零售融合的趋势，大的宏观环境就注定了互搏与融合，苏宁面临新的行业环境下的互搏反而可能练就像《射雕英雄传》中老顽童周伯通的本领，就是无所谓左手右手之分，最终导致线上线下商业模式的成熟。

第二章　云商经济下的资源整合
——未来商业创新的核心动力

对于当代经济，用"一日千里"这个词根本不足以形容其发展状况，也正因为如此，很多事情不再是单个的企业所能做到的，就算是世界 500 强企业，它的资源也总是有限的。企业面对这种形式该如何生存发展？答案只有四个字："资源整合!"就是通过各种不同的手段合成一种生态系统，凸显个性并形成自己的核心竞争力，从而发展壮大，也就是像郎咸平所说的那样："你的资源整合能力有多大，那么你的成功就有多大。"

美国作家托马斯·费里德曼在《世界是平的》一书中，已经"带着推土机"把世界碾平。在这样一个扁平世界里，企业要想拓展市场必须走整合资源之路。也正如 IBM 公司 CEO 彭明盛在美国《外交》杂志上发表《全球整合企业》一文中所说的，"跨国企业"已经过时，现在已经步入"全球整合企业"的时代。

资源整合的威力到底有多大？首先我们来看这样一个问题：从北京到上海，你可以开车、坐动车、坐飞机，当然也可以坐汽车，都能够抵达，相比之下，哪种方式最便捷呢？你会毫不犹豫地回答——飞机。资源整合就是企业运营中的"飞机"，适宜于所有想快速达到目标的人。甚至有人认为，资源整合应该是现代商战中的"原子弹",运用好这个"核武器",便可以产生百分之几百甚至百分之几千的能量,这也是资源整合与其他企业经营策略的区别。所以,只有掌握了资源整合的方法,才能破解企业高速发展的密码。

整合资源是一门学问,需要我们有深邃的远见和前瞻性的理念。

何为资源整合呢?开宗明义,资源整合就是企业对内部的和外部的不同层次、不同内容、不同结果的资源进行汲取与配置、识别和选择、激活和有机融合,使其具有较强的柔韧性、系统性、条理性和价值性,并创造出新的资源的一个复杂的动态过程。正因为如此,我们即将进入一个新的时代——云商经济时代。

在云商经济时代,通过云计算等高科技技术,云商经济圈广阔的平台,企业不再是单打独斗,而是融入特定的圈子里,获得平稳健康的发展;也恰恰是这样的一个平台,充分满足了资源整合的条件,在这个平台上我们能借用别人的优势,降低风险,提高成功的速度。

我们的身边有很多的"珍珠",我们只需要拿起资源整合这根"线"将这些"珍珠"串起来,便可以制作一条光彩夺目的"珍珠项链"!

什么是资源整合论?

资源整合的唯一目的就是使企业获得最大的经济利益。资源整合是企业战略选择的必然手段。资源整合论是新时代组织生产活动的理论基础。整合,我们可以理解为集成,或称一体化。整合就是尽可能将不同资源有机地组织在一起。它包括三个整合要点，如图2-1所示：

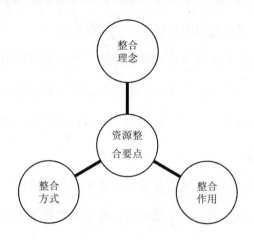

图2-1　资源整合要点

资源整合的理念就是将不同的资源组合在一起。将相同的资源整合在一起不叫整合，叫库存、叫冗余。而资源整合是将尽可能多的不同资源集中。不同的资源集中得越多，整合度就越高。比如一个企业有100个不同专业的人才，那么它的资源整合度则是仅有10个不同专业人才且企业规模相同企业的10倍。

此外，资源整合理念还包括将资源有机地组织在一起，所谓"有机"，是指不同质的资源内在的物质、能量和信息的交换，能够像有机体那样对外界变化做出能动的反应。美国的约瑟夫·哈林顿博士在《计算机集成制造（技术）》一书中首次提出计算机集成制造的概念。他认为企业生产的各个环节——市场分析、产品设计、加工制造、运作管理到售后服务的全部生产活动是一个不可分割的整体，要紧密连接、统一考虑。

资源整合方式有以下四种：

一是信息集成。是指将各种信息统一考虑，使一个数据只有一个来源，做到数据共享，没有冗余；业务过程重组，是按照业务过程将不同的活动有机地组织到一起，是过程集成，它与分工是相反的。

二是功能集成。是指将多种功能集中到一种工具或机器上。比如人们在登上月球或者进入太空时，必须最大限度地减轻所携带物品的重量，所以物品都应具有不同的功能，或者一种物品尽可能地具有多种功能，这就需要功能集成。

三是供应链集成。供应链是各个企业集中最有优势的资源，从事最具竞争力的业务，将不擅长的业务尽量外包，建立新的供需关系，是企业间优势资源的整合。

四是实施敏捷制造。敏捷制造的实质是将不同企业的特定资源有机地组织到一起，以尽快响应市场需求的变化，也是企业间的资源整合。

资源整合的作用体现在以下三个方面：

一是提高组织的应变能力。在急剧变化的时代，具有相同或相近知识结构的群体，包括单一文化的社会组织、单一传统的民族，都难以适应变化的环境，都将被社会所淘汰。无数事实证明，族群的多样化是提高生存能力的主要因素，不同资源整合的系统才能具备应变能力，从而才有竞争力。

二是提高对顾客的服务效率和质量，同时也能提高工作效率和质量。将不同职能和技术的人有机地组织到一起，共同开发新产品，可以使新产品的开发周期大大缩短，新产品开发质量也明显提高；将不同职能的企业整合到一起，同样能打造非凡的产品和服务，比如波音飞机的制造，就是通过不同国家和地区的企业各自发挥自己的优势建造而成的。资源整合的目的就在于寻求资源配置与客户需求的最佳结合点，通过组织制度安排和管理运作协调，来增强企业的竞争优势，提高客户服务水平。

三是提高群体的知识创造能力。在知识经济时代，创造新知识是赢得竞争的关键。不同的成员、不同的组织，从不同的角度提出问题和认识问题，引起不同思想的交流和碰撞，容易产生新的思想火花，产生新的观念，创造新的知识，从而从根本上提高竞争力。

在战略思维的层面上，资源整合是系统论的思维方式。就是要通过组织和协调，把企业内部彼此相关但却彼此分离的职能，以及企业外部既参与共同的使命又拥有独立经济利益的合作伙伴整合成一个为客户服务的系统，取得"1+1＞2"的效果。

资源整合，未来商业发展的必然要求

2012年阿里巴巴全年的销售额突破了万亿元，仅仅11月11日这一天就达到了191亿元。马云真可谓富可敌国，万亿元是什么概念呢？相当于中国17个省市的全年GDP。相比之下，中国联通和中国移动，这两头"睡狮"睡得实在太沉，毕竟当老大当了这么多年，再加上有政府支持做后盾，怎么可能会想到，一个小小的马化腾，在短短几个月的时间，就让自己寝食难安。一个微信软件的运用，在功能上足以把这两个巨头在电话和短信的收费方面赶尽杀绝！

此外，沃尔玛也正在悄悄关闭它的多家超市，这个曾经的世界第一富豪，正在思考"醒来"之后如何转身。至于其他各类"恐龙"级的商业巨头，也许活下去就是一种耻辱！可惜，大多数人到现在还在把那些所谓的亿万富翁当回事，对他们顶礼膜拜，殊不知他们早已经身心疲惫、头昏脑涨，看不清前途，找不到归路！

那么，未来商业发展的大趋势到底是什么呢？是资源整合下的电子商务。

有政府人士认为，未来五年，个体户将消失，取而代之的是团队及创新的商业模式。这就是大趋势！管理大师彼得·德鲁克也曾经说过："企业经营的诸要素中，唯有创新和营销是收入，其他都是成本。"四方通工程中心的发起人魏清文认为，"资源整合则是创新和营销的结合"，如果前面的成长是"爬楼梯"的话，那么资源整合就是"坐电梯"。

未来商业发展拼的就是资源整合，你能整合多少资源、多少渠道，你将来就会得到多少财富。资源整合是站在前人的肩膀上前行，资源整合是将十年的目标放在一年完成，资源整合是四两拨千斤！造船过河，不如借船过河！趋势，无法阻挡！抉择，要有智慧！

资源整合看上去是将毫无关联的不同要素通过超常规思维和方式，建立一种机制和系统，从而形成各方互利的局面，产生巨大的社会效应和经济效益。

众所周知，前几年，全球范围爆发的金融危机让各国的经济都受到严峻的影响，中国当然也不例外。在 2009 年 6 月 11 日《UPS 亚洲商业监察》大会上，中国社科院企业研究中心公布了一组惊人的数据：在这次金融危机中，40% 的中小企业已经宣布破产，还有 40% 的企业目前正在生死线上挣扎，只有 20% 的企业没受到此次金融危机的影响，或影响较小。

我们都知道，在这次金融危机风暴中，有的国家竟然抛出万亿资金救市，到最后钱都打了水漂，没了下文。相反我国的家电下乡工程用了区区的百亿元人民币为杠杆，就撬动了 9200 多亿元的市场需求，并取得了良好的效果。这背后的玄机究竟在哪里呢？

家电下乡工程敏锐地把握了农村市场的广大需求，通过 13% 的政策补贴，以及相关的一系列机制和措施，就带动了农村市场的消费需求，并盘活了以家电业为龙头的出口导向型制造业，从而取得了多方共赢的局面。家电下乡工程是资源整合的典型案例，通过四两拨千斤的手段，利用杠杆效应，最终取得了显著效果。

未来是资源整合时代，是团队合作时代！任何人要实现自己的梦想都不是靠个人能完成的。前期的平台搭建注定很累、很不容易，而且未必能见成效，但是未来，这是一条必走的路，否则，就很容易被淘汰。系统建设已经成为企业发展的一大刚需，强大的企业都是用"系统"赚钱的，建设企业管理系统是企业走向成功的必由之路。

未来商业拼什么？四个字：整、借、学、变。整，即整合资源，这也是首先要做的，你能整合多少资源、多少渠道，你就能拥有多少财富。借，即造船过河不如借船过河。学，即学习，今天的企业家，赢在学习，这个社会一直在淘汰有学历的人，但是不会淘汰有学习力，愿意改变的人！变，即改变思维，要想改变口袋，先要改变脑袋，改变固有的观念。

1.2 万亿元，这个庞大的数字，意味着什么？

大数据这个词风靡全球，作为云计算、物联网之后信息社会又一次革命性技术的突破，正在将信息社会发展引入一个新的阶段，以大数据为代表的 IT 技术将催生生命科学、新材料、新能源等技术的融合，从而促发人类巨大的革命。

打个比方，因为目前我们的生物技术已经能够破解我们的 RND，所以，我们对每一个基因，包括里面的分子构成核苷酸进行分析，这个时候还需要超大量的数据计算，而如果我们有超大量的计算，我们就能把这些遗传基因逐步排列，并且用最新的方法来改造它们，那么人类的所有疑难杂症都可以轻易地解决。

这个时代注定是不平凡的时代，也是一个颠覆的时代。在这样的时代，对于商业来说，电子商务注定要扮演重要的角色，给经济的发展注入新鲜的血液。

2011 年 11 月 30 日晚 21 点 50 分，时间和数字定格在这一刻，电子商务的年交易额突破 1.2 万亿元，其中淘宝、天猫的年交易额就超过了 1 万亿元，这是什么概念？据国家统计局数据显示，当年全国各省社会消费品零售总额为 18.39 万亿元。这就意味着在全国各省社会消费品零售总额排行中，淘宝和天猫可以排到第五位，仅次于广东、山东、江苏和浙江。

回顾历史，1999 年电子商务开始在中国萌芽，整个网购市场规模也不过区区 4 亿元。现在的人们一定无法想象，当年的那个"非主流"，现在却有倒逼线下传统零售业的那一天。淘宝网在 2003 年创立之初，全网用户也不过 23 万人，交易额也仅仅只有 2000 多万元，但是在几家元老的集体带动下，中国电商的飞速发展令人咂舌，2007 年以后，我国消费品零售总额每年保持 16% 以上的增幅，同期网购交易额复合增长率达 77%。2006 年网络购物的交易额仅占社会消费品零售总额的 0.3%，2010 年便提升至 3.3%，2011 年达到 4.3%。

中国社会科学院专家姜奇平认为，网购一旦占到社会消费品零售总额 5% 这个临界点，那么将根本性地改变中国的零售业格局。的确如此，目前传统零售业的一些惨淡现象便可以说明这个问题，比如在阿里巴巴总部所在城市杭州，据贸易局统计数据显示，"双十一"期间杭州大厦、杭州百货大楼、银泰、解百等 6 家商场累计销售只有区区的 4.4 亿元，同比下降 8.68%，而淘宝仅 11 月 11 日这一天就达到了 191 亿元。在深圳召开的 2012 中国 ECR 大会上，据中国连锁经营协会表示，当前一、二线城市的实体大超市受到互联网的冲击，聚客能力明显下降。2011 年，企业人工成本平均增加 30% 左右，企业平均费用率较 2010 年上涨 20% 左右，企业管理成本较 2010 年上涨 20% 左右，营运成本加大。据中国连锁经营协会透露，百强零售连锁企业中，已经有 54 家开展了网络零售业务。

中国作为发展中国家，电子商务发展势头非常强劲，所以电子商务对中国商业的影响将是真正的颠覆。有专家预测，从大背景看，到 2016 年将发生两件大事，一是经合组织预计中国可能最早会在 2016 年取代美国，成为第一大经济体；二是将与此同步发生的，到 2016 年，中国电子商务将超过美国，成为第一大电子商务经济体。

中国未来十年将进入内需拉动经济的关键时期，在姜奇平看来，网购作为一种新的购物方式，正承担着拉动内需的重任。他还认为，过去美国里根政府讲"供给自动创造需求"，将来应该是电商"无中生有"地自动创造需求。

当前商务发展的三大模式

多渠道消费行为能够创造较好的企业绩效，多渠道消费者的获利能力明显超过了单渠道消费者的获利能力。国内外的研究文献大多从理性的角度分析消费者的渠道选择行为，将多渠道顾客管理作为提高企业整体绩效的一个有效的管理工具。多渠道消费行为是顾客对不同渠道的选择结果，该行为受到个人因素、心理因素、情境因素、社会因素、渠道特征和企业因素的影响。本节将从互联网时代两种主要的渠道，即在线渠道（网络商店）和离线渠道（实体店铺）作为研究背景，从电子商务环境下的消费者行为、服务互动与社会交换等方面进行简单的分析。

电子商务近年来在我国取得了长足的发展，以阿里巴巴、京东、凡客等为代表的一批实力雄厚的电子商务运营商快速崛起。电子商务发展如火如荼的同时，也引起了人们对交易模式发展的思考，电子商务交易模式凭借其成本优势，物流、资金流和信息流的传输和处理效率等优势，真的就能完全取代传统交易模式吗？下面我们通过分析当前商务发展的三大模式来回答这个问题。

现在的商务模式有这样三种：传统模式、B2C 模式、B2C + O2O 模式。如图 2 - 2 所示：

传统模式即"工厂 + 渠道 + 市场"市场链模式。说到传统商务模式这个话题之前，我们首先要明白一个概念，那就是本书开篇提到的渠道。渠道是

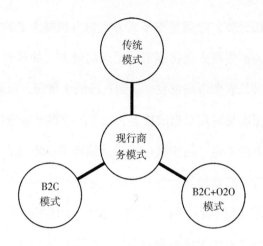

图 2 – 2　现行商务模式

指产品从制造商手中传递到消费者手中所经历的通道，这个通道中所发生的销售传递过程，也就是所谓的销售过程。传统商业交易模式往往是一种工厂趋向性，工厂生产一定的商品，通过一定的渠道，投放到市场，接触到消费者，这样一个市场链的模式。其中渠道经历了近百年的时间，业态也在发生着丰富的变化，有商店、百货店、专业商店、超级市场、购物广场等，每一种业态的出现都有其必然性，同时对原来的业态会产生一定的冲击。

传统商务模式，是一种商家对渠道，渠道再对顾客的模式，建设渠道往往是商家需要重视的问题，像刚才我们讲的多渠道消费者的获利能力肯定比单渠道强很多。随着渠道的增多，人们发现传统商业模式的诸多弊端：

一是生产制造方面的弊端。由于传统商业模式中制造商直接面对的并不是消费者而是中间商、零售商，所以生产商并不能第一手了解到消费者对于产品的评价及建议、要求，从而具有一定的滞后性。

二是运输环节上的弊端。生产商—中间商—零售商—消费者的售货模式，明显不能再满足现代生活的需要，因为这种传统的模式与生产商直接到消费者的无店铺模式相比较，造成了很多人力、物力和财力上的浪费。就拿蔬菜销售来说，传统的销售模式是将蔬菜从很远的地方，如从农村运输到城市的农贸市场，菜贩又从农贸市场批发，运到自己的小市场，运输成本变大不说，在运输过程中，很容易对蔬菜造成损害，很多蔬菜都是运输过程中坏掉的。

三是在成本上的不足。由于其在生产运输环节的不足，使其交易成本增加，最终由产品价格高而使其竞争力下降，这些都是不利于企业发展的。

四是在销售方面的不足。随着人们时间观念的增强及社会老龄化的趋势，越来越多的人不愿意采用传统的购物方式，因为传统的购物方式既花费时间又花费精力，而且并不一定能够买到中意的商品。传统的销售不仅在消费者方面不讨好，而且销售商还要雇用一大批销售人员，这无疑又增加了销售成本。所以在销售方面，传统商业有着其无法避免的弊病。

由此可见，与新兴的无店铺商业模式相比，传统的商业模式存在着许多的无可避免的弊端。

众所周知，制造商典型的生产方式是生产有限类别的产品，而每一类产品又大批量生产，但不同的消费者需要各种各样的产品，每人每次的需要很少，这是生产与需求之间的最基本矛盾。又由于传统商务模式的种种弊端，让这一矛盾点不断地扩大，因为传统商务模式的渠道比较单一，或者交易范围比较小，很容易造成供不胜求或供过于求，不能方便地调试。此外，由于需要中间渠道的干预，企业无法直接接触到市场，市场需要什么样的产品，消费者对产品有什么样的感受，企业很难得知，就算是从渠道方得到这些数据也不够准确，没有这些数据，企业生产销售决策就会出现失误，那自然不利于企业平稳健康地发展。

B2C 模式即"工厂＋市场"的在线商务模式。B2C 是英文 Business－to－

Customer（商家对顾客）的缩写，中文简称为"商对客"。B2C 模式是电子商务的一种模式，也就是通常所说的商业零售。

B2C 在线商务模式是工厂、企业直接通过互联网向个人网络消费者直接销售产品和提供服务的经营方式，人们可以通过网络买到诸如水果、蔬菜、衬衫、电器、建材及钻石，甚至是任何日常零售品。购物已经不单单是百货商场、街市发生的行为，这也是网上零售和传统商务模式的根本区别，工厂直接面向消费者个人销售产品和服务，去掉中间渠道的环节。

B2C 电子商务是普通消费者广泛接触的电子商务的一类，也是电子商务应用最普遍、发展最快的领域。开展 B2C 电子商务障碍最少，潜力巨大。这种模式节省了客户和企业双方的时间和空间成本，并为生产型企业直接面向消费者提供了机会，利用网络进行商品直销是未来零售发展的趋势。

从 1999 年中国 B2C 正式起步到 2003 年前后，这段时间我们定义其为中国网上零售市场的探索期。在探索期 B2C 经历了市场认可度的高峰和低谷。当当网、8848 在 1999 年成立，卓越网在 2000 年成立。在这段时间中国 B2C 泡沫成长到极值，热钱纷纷涌入，而 B2C 本身的盈利模式还处于探索阶段，过多的企业成为行业成长的牺牲品，直至 2003 年前后大批企业倒闭。2004 年中国 B2C 市场开始复苏，投资泡沫开始退去，理性回归，细分市场快速发展，2004 年当当网完成第二轮融资，亚马逊收购卓越网，成为该阶段的标志性事件。2006 年开始中国 B2C 市场进入快速发展阶段。这个阶段电子商务企业大量涌现，品类逐步向百货类扩张。以京东、凡客为代表的垂直 B2C 成为该阶段的亮点。2008～2010 年，淘宝推出淘宝商城、电器城和鞋城。中国的 B2C 发展到达高速成长期，意味着商业模式逐步走向成熟，由于物流、支付、监管等因素而受到约束的细分市场也逐步抬头。

B2C 电子商务业务流程通常包括相互联系、相互支持的前台系统和后台系统，它们共同构成了电子商务系统的有机整体。

前台购物流程是直接面向用户的网站，用于发布商品信息、接收用户需求。基于网站的交互功能和多媒体功能使得用户像真实的超市一样推着购物车挑选商品。其中商品目录、购物车和支付方式构成了 B2C 网站的三大支柱，好的商品目录可以使用户尽可能简单、方便地找到所需的商品，购物车可以跟踪所选的商品，一直到付款为止，支付方式是最后的也是最重要的环节，一般 B2C 网站采用的都是在线支付或货到付款。

后台订单处理流程，主要功能是处理用户订单，满足用户的需求。后台系统与企业内部的管理信息系统连接，以便快速进行订单处理、进销存管理和更新财务数据，并和外部贸易伙伴进行电子数据交换，以便实现快速电子订货。

这种模式相对于传统的模式，其主要优势就是制造商能够直接地接触到消费者，现在经济是互动经济，企业在与消费者的互动中达成交易，相比于之前的交易方式，这种方式更加地轻松愉快，制造商可以充分把握消费者脉搏，"对症下药"，消费者也可以"货比三家"，更愉快地购买，制造商同时也可以更好地经营与忠实客户的关系。

不管你是否同意，或是否愿意，B2C 模式这样一个大趋势不会变，这是一个机遇，让企业和消费者建立无比亲密的关系，同时也是一种挑战，让企业要更加适应"私人定制"。

B2C + O2O 模式即"工厂 + 市场或工厂 + 渠道"的在线商务模式，它是一种创新的模式。电子商务的冲击波势不可当，新的概念、商务模式层出不穷，从 C2C、B2B、B2C 再到时下正热的"O2O 模式"（Online – to – Offline），将线下商务的机会与互联网结合在一起，让互联网真正地成为线下交易的前提。这一模式的关键是，在网上寻找消费者，然后将他们带到实体店去完成购买，这种模式既突出了网上宣传的优势，又满足顾客的体验需求，它是支付模式和店主创造客流量的一种结合，对消费者来说也是一种"发现"机制，实现了线下的购买。

O2O 的消费体验，侧重于"因为体验才导致消费"，这和目前线上 B2C 模式"因为价格才导致消费"不同，这些体验更多来自于线下的现实世界。它的好处是，在购买前的体验过程中，消费者可以真实了解到产品的质量、材料、技术以及可能存在的问题，从而避免被虚假广告欺骗、误导，或者购买并不适合自己的产品。而且这种"体验"还能带给消费者心理上的满足。这与以往目的性很强的消费活动不同，O2O 更强调消费者参与活动的程度和情感体验，体现的是对消费者的尊重和理解。在活动中，消费者即便不购买任何产品，也可以从试穿、试吃、试驾、试用等各种"体验"中获得情感上、精神上的愉悦。

但是这一模式也有诸多的弊端，团购的退潮给了我们警醒，从 2010 年开始的线上团购潮的确带给我们最深层次的财富，但是现在却有退潮的趋势，消费者团购中往往会出现"付款前是上帝，付款后什么都不是"的窘境，而且在目前主流的团购网站中屡见不鲜，比如，餐饮团购，消费者在网上支付以后，到店中消费往往出现食物与消费者预期不符，质量低于预期，与没通过团购的客人相比，他们所感受的服务质量形成强烈的反差。一旦这种现象发生，会使消费者身处非常被动的境地。

面对退潮形式，团购网站应该转型和提升增值服务，力争发挥自己的优势，为消费者带来独特愉悦的消费体验，增强顾客黏性，增加消费忠诚度，只有这样才能提高用户消费体验度，发挥初创此模式时的优势，赢得消费者。

既然传统商务模式有这么多的弊端，电子商务又有诸多的优势，是不是传统商务模式一定会被打败呢？说这个话题之前我们首先不得不提到马云和王健林的那个亿元豪赌。

马云和王健林，一个是电子商务巨头，一个是传统商业大佬，自然都会说自己从事的事业更有前途，如同卖酒的都夸自家的酒好，恨不得找到喝酒就能长生不老的证据。其实马云和王健林都明白自己的选择，传统商务模式不可能完全被电子商务模式代替，电子商务模式也不可能消亡或被传统商务模式取代。

时下绝大多数人都不会怀疑电子商务将取代传统商务模式，因为电子商务具备了很多优势，例如优化资源配置、提高工作效率、减少中间环节和拓宽业务渠道，从而最终缩减成本，增加收益的效果。其实传统商务模式在处理某些问题时，具有电子商务不可取代的优点。

首先，是交易中"人"的问题。现在的商务交易在很大程度上会受到交易双方相关人员的影响，而这种现象在中国这个特别注重人际关系的文化环境下表现得尤为突出。针对这种问题，很多时候完全凭借电子商务是无能为力的。

其次，是交易中的"价格"问题。让我们再来看看交易环节中的定价因素。由于市场机制的调节，市场中不太可能大批量、长时期出现成本差异很大的同类同质商品，所以关键是看厂家希望交易能获得多少利润，而仅仅通过电子商务发布产品供应信息的供应商，相对于商务谈判直接和采购方协商定价的供应商来说将会变得非常被动。

最后，就是交易中的"中间环节"问题。传统商务模式中生产厂家一般都通过代理商一层层地把产品发送到终端零售商处，再由零售商销售给最终用户，而每增加一个环节都会提高产品的最终成本，虽然戴尔的直销成功了，但是目前还有绝大多数企业很难摆脱这个流通程序。单个厂家的能力毕竟有限，它更多的精力还是在产品生产和品牌推广上，而具体的销售将更多地依赖于它的合作伙伴——代理商。

所以，电子商务和传统商务模式只有走向融合才是大趋势，当然这需要一个发展过程。

传统商务模式的不足和缺陷

传统商业模式是指企业利用纸质信函、电话、电报、传真等这些比较传统的沟通工具整合传统商务活动中的物流、资金流、信息流、商流的传递，完成商务活动的价值创造。企业将重要的信息以传统的沟通手段传递给分布各地的客户、员工、经销商及供应商连接，维持企业运作。传统商务圈描述了生产者、商务伙伴与消费者之间的关系，商务伙伴作为传统经济的中间体，发挥的作用非常明显，在创造价值的同时也明显地制造了交易成本，减少了生产者剩余和消费者剩余，减少了经济福利。

传统商业行为的参与者是真实的、是直接能够看到的自然人、法人，这里面包括供应商、制造商、市场代理和终端消费者等。制造商从供应商处获得原材料进行加工生产，然后通过渠道也就是市场代理产品和服务给终端消费者，在传统经济圈中价值不断地被创造出来，并从上游不断地流向下游，下游认同并接受上游所创造的产品和服务，此时上游的价值得以承认，价值就是下游的使用者对上游创造者的认同；在这个完整的价值链上按照各方认同的方式取得价值。

总结传统商业模式的运作过程，不难发现它有以下的不足和缺陷。如图2-3所示：

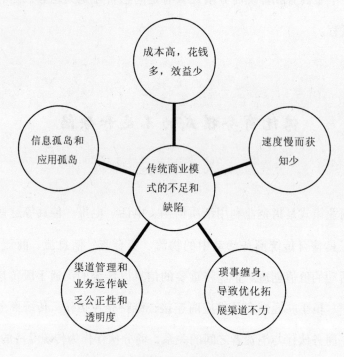

图2-3　传统商业模式的不足和缺陷

一是成本高，花钱多，效益少。传统商务就是用户可以利用电话、传真、信函和传统媒体来实现商务交易和管理过程。用户能够通过传统手段进行市场营销、广告宣传获得营销信息、接收订货信息、做出购买决策、支付款项、客户服务支持等，我们从传统的交易流程可以得知，这个手段具有环节多、成本高、效果低、双方心理距离远的特点。

传统商务模式交易流程由交易前的准备、贸易磋商、合同与执行、支付与清算等环节组成。

首先，交易前的准备，就是供需双方如何宣传或者获取有效的商品信息的过程，通常商品制造的营销策略是通过报纸、电视、户外媒体等各种广告形式宣传自己的商品信息。对于消费者来说，就是尽可能得到自己所需要的商品信息。在这样一个过程中，制造商要花费大量的费用，为的是自己产品的信息得到足够的覆盖面，而由于商品信息的庞杂，在海量的信息中消费者又很难找到自己需要的那部分信息，这便造成了宣传成本高，但是效率却很低的现象。

其次，贸易磋商过程，在商品的供需双方都了解了有关商品的供需信息之后，就开始进入具体的贸易磋商过程，贸易磋商实际上是贸易双方进行口头磋商或纸面贸易单证的传递过程。贸易磋商的过程中使用的工具有电话、传真或邮寄等，这些费用相比互联网这种免费又快捷的方式，不论是成本还是效率都差很多。

通过传统商务的流程我们可以得出这样的结论，按照原来的传统的业务模式，随着用户数量的不断增加，电话、传真、办公费用等运营成本剧烈膨胀，并且物流、信息流、资金流成本也没有下降的趋势，企业难负重荷，影响到企业规模化经营的战略。

二是速度慢而获知少。对于现代企业来说，如果把人才比作企业的支柱，信息则可以看作是企业的生命，是企业不可离开的法宝，它对企业的战略管理、市场研究以及新产品的开发有着极为重要的作用。传统商务模式的缺点是信息迟滞，无法及时通知下游经销商新产品、价格调整等重要信息。新的产品及价格信息只能通过电话、传真等手段通知下游经销商，时效性很差。

由于传递慢、传递渠道不畅，经常导致"信息获得了但也失效了"。相比之下，云商经济下的信息更新及时、传递速度快，只要信息收集者及时发布信息，就可以保证信息的时效性。

另外，传统商业模式的订单、资金流向等信息查询也不能做到实时更新，这些都严重地影响客户满意度和忠诚度。而且传统商务模式信息传递的准确性差，采用传统的方式，如果中间环节过多，很容易出现信息的歪曲或不准确。关于存储，现代经济生活的信息是非常大的，如果仍然使用传统的信息载体把它们都存储起来，难度相当大，而且不容易查找，堆积如山的全球范围内各行各业的信息，常常会把企业销售人员淹没在信息的海洋或者信息的垃圾之中。

还有一种是反向的，客户对产品的需求以及喜好等重要信息，也很难从经销商、代理商传达到生产商，这种产品导向型最终也不会转变为消费者导向型，最终会被消费者所抛弃。

三是琐事缠身，导致优化拓展渠道不力。通过刚才我们列举的传统商务模式流程的繁杂情况，我们得知，销售人员将大部分时间都用于订单处理、异常订单的审批、下游经销商的信息查询请求、物流信息跟踪等简单、重复性工作，因此很难有更多的精力做渠道优化拓展工作。关于这个问题，我们需要从另外一个角度述说，那就是与云商经济作对比。

在云商经济环境下，制造商与供应商借助云端的平台进行业务联系，由于实施电子化交易，商务信息通过网络传输更加便捷迅速，整个交易过程变得非常简单，业务环节也很少。工业生产的大规模定制有了信息平台，生产者通过电子商务手段建立快速反应的供应链，可以高效率地满足以客户为中心的大规模定制，与传统方式下的订单驱动模式相比，效率大大提高了，使交易过程中所需的信息流、商流和资金流在云端上一次性完成，真正带来了"用时间消灭空间"。同时，效率的提高也带来了业务人员的解放，订单处理、售后服务、决策信息的搜寻等都可以在弹指间完成，这就相当于工业时代，由于机器的运用解放人力是一个道理，云商经济环境下的业务人员可以有更多的精力去服务更多的经销商、更多的消费者，开发更大的市场。

四是渠道管理和业务运作缺乏公正性和透明度。实现透明性管理是所有企业的向往，透明度跟渠道成功不成功是很有关系的，透明度不高，渠道也不会成功。很多时候高管不仅需要在办公室想不同的市场策略，更需要在外面跑，而且是和合作伙伴以及自己的团队一起去跑。比如现在市场改变很快，不单单是客户的要求、客户的满意度，包括解决方案的竞争等都转变得很快，如果没有一些新的意见回应，肯定追不上这种变化。所以企业管理透明度高就要求高管跟渠道经理和合作伙伴的沟通必须是及时的。

另外，在业务流程中，返点、价保等环节缺乏有效的监督手段，致使"暗箱操作"难以消除，受人为因素影响显著，致使经销商间缺乏平等竞争机会，不利于公司业务的长远发展。比如，传统采购模式下的企业采购流程非常复杂，包括采购申请、信息查询、发布，招标、投标、评标，洽谈、签约、结算，物流配送、交割，协调相关部门等，不仅浪费了极大的时间成本和人力成本，过程效率低下，而且往往还会出现监督不力、"暗箱操作"，促使采购价远大于市场价，或出现恶性竞争。并且因为采购部门的管理人员需要处理大量的类似事物，无法在战略的高度上担任起所负责项目的损益分析、评估和决策，也不可能实现前瞻性的采购管理、建立供应商战略性合作伙伴关系、重新审视采购模型、供应商合理化运作等。

相比之下，云商经济环境下的新型采购模式，是人们或企业之间在网络上就可以进行的招标、竞标、谈判等活动。这种活动不仅完成采购行为，而且还利用信息和网络技术对采购过程中的各个环节进行管理，这样便有效整合了企业的资源，帮助供求双方降低了成本，提高了企业的核心竞争力。

五是信息孤岛和应用孤岛。所谓信息孤岛，就是指相互之间在功能上不关联互助、信息不共用互换以及信息与业务流程和应用相互脱节的计算机应用系统。由于受技术发展的影响和信息化实施阶段性的限制，目前有条件进行信息化的企业实施的系统越多，信息孤岛现象就越严重，各应用系统间的信息脉络不通，守着日益完备的基础数据"金矿"，却不知如何发掘应用，因而出现投入大、回报少的现象，信息化进程遇到"瓶颈"，企业普遍感到困惑。

随着信息技术产业的飞速发展，企业的 IT 应用也随之变化，但是与企业的其他变革明显不同的是，IT 应用的变化速度更快，而从企业自身分析，前期的信息化建设大多缺乏长远与统筹的规划，不同阶段只考虑各种局部需求，造成了各种不同应用系统的盲目引进。又由于大多数应用系统之间没有统一的技术和数据标准，数据不能自动传递，缺乏有效的关联和共用，从而形成一个个彼此隔离的信息孤岛。总的来说，企业信息化发展的阶段性、信息化建设中对各部门的需求把握不到位、各个应用自成体系、编码和信息标准不统一、管理体制上各职能部门的划分导致各信息应用缺乏全局观，使信息孤岛的产生有着一定的必然性。

信息孤岛给企业带来的危害是巨大的：从数据集成方面给企业带来的危害是导致信息的多向采集和重复输入影响数据的一致性和正确性，使得大量的信息资源不能充分发挥应有的作用；从系统应用方面给企业带来的危害是不能实现信息的及时共享以及反馈系统之间不能有效实现信息共享，影响业务的顺利执行；从业务集成方面给企业带来的危害是无法有效提供跨部门、跨系统的综合信息，各类数据不能形成有价值的信息，局部的信息不能提升为管理知识，决策支持只能是空谈；从产业链协作方面给企业带来的危害是使得企业对外与供应商、分包商以及与客户之间在产业链上的沟通、协调和协作，对内与在企业产供销的供应链均无法实现一体化集成。

云商经济下的商务发展三大优势

云商经济，我们按照传统经济的概念，可以这样理解，它是指企业利用网络科技整合传统商务活动中的物流、资金流、信息流、商流的传递和商务活动的价值创造模式。企业将重要的信息以互联网云端的方式直接与分布各地的客户、员工、经销商及供应商连接，缩短四流的运动周期，降低运营成本，提高运营效益，创造更具竞争力的持久竞争优势。

云商经济下的商务发展具有三大优势，如图 2-4 所示：

一是成本低，用更少，得更多。企业生产成本无处不在，在企业生产领域，信息化改变竞争的基础主要在于降低企业单位劳动成本和产品设计成本。信息化没有绝对地减少生产的劳动单位成本，而是通过提高劳动生产率（单位劳动的产出）来相对地降低劳动的单位成本，信息化也能降低企业产品设计成本，使企业在成本管理上获得重要的竞争优势。

信息化使企业之间的交易突破了由于技术"瓶颈"所导致的时间和空间

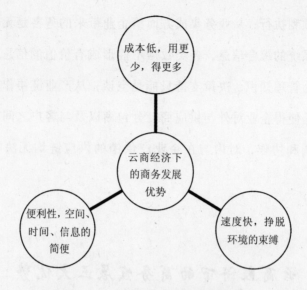

图2-4 云商经济下的商务发展优势

限制，交易成本大大降低。具体表现如下：

距离越远，网络上进行信息传递的成本相当于电话、传真、信件而言可以忽略不计，此外，缩短时间及减少重复的数据录入也降低了信息成本。

买卖双方通过网络进行商务活动，无须中介者参与，减少了交易的有关环节。

产品生产商还可以通过互联网进行产品宣传，降低了广告费用。

互联网使买卖双方及时沟通供需信息，使无库存生产和无库存销售成为可能，从而使库存成本降为零，而且采用"无纸贸易"，可减少90%的文件处理费用。

传统企业内部组织结构可以说是一个繁杂的金字塔，从董事长、董事会、总裁、高级经理、中级经理、低级经理直到监工、工人，层次很多，20世纪80年代的美国公司平均的层次超过13层，最多达到27层，这种现象很容易造成扭曲和滞后的情况，滋生公司官僚的土壤相当厚实，结果使企业管理成本居高不下。信息化可实现"无纸化办公",提高了内部信息传递的效率,节省时间,并降低管理成本。而且,企业内部决策的层次减少,管理的幅度增加,专业化生产水平和核心能力提高,决策越来越适应客户的需求,既增加了企业运行的效率和获利,又避免了工业经济时代常规运行中基础设施和固定成本的投入,从而降低了企业的运行成本。

二是速度快,挣脱环境的束缚。通过与云技术为代表的云商进行交易,贸易双方,从贸易磋商、签订合同到支付等,无须当面进行,均可以通过云计算完成。采用这种方式,原料采购、产品生产、需求和销售、银行汇兑、保险、货物托运及申报等过程无须人员干预,可以在最短的时间内完成,从而可以避免延误传输时间,失去最佳商机。

云计算交易克服了传统贸易方式费用高、易出错、处理速度慢等特点,极大地缩短了交易时间,使整个过程非常快捷与方便。这种方式又可以保证交易透明化,因为整个交易过程都在网上进行。通畅、快捷的信息传输可以保证各种信息之间互相连接,可以防止伪造信息的流通。

三是便利性,空间、时间、信息的简便。商业之所以能够存在,是因为买方能够得到便利,卖方能够获取利润。在这里买方得到便利是原因,卖方获取利润是结果。正是因为消费者承认(购买)了这些商业便利,商业、利润才能够实现,也就是说,商业利润对应的社会价值就是为众多的消费者提供的商业便利。

从空间、时间、信息、数量和品种五个维度来简单阐述云商商务模式比传统商务模式更具有商业便利性。如表2-1所示:

表2-1 传统商务模式与云商商务模式的比较

维 度	内容简述	传统商务模式	云商商务模式
空间	消费者能够在合适的地点购买所需商品	地域依赖性强	不受地域限制
时间	消费者能够在合适的时间购买所需商品	受时间限制	不受时间限制
信息	消费者能够充分利用信息购买所需商品	交易成本较高	降低购买的综合费用
数量	消费者能够按照需要的数量购买所需商品	生产者希望生产规模化，而消费者只有零散的消费和购买	比较有效地调和了这个矛盾
品种	消费者能够以比较低的费用买到理想的商品组合	容易实现	更容易实现

案例：恒源祥的战略联盟体系

恒源祥是一家老字号企业，诞生于1927年，之前"恒源祥"只是一个商店的名字，而不是产品的商标，从1991年起，恒源祥尝试性地启动了"恒源祥"品牌战略，以"恒源祥"的品牌作为合作筹码建立了战略联盟体系，从此彻底改变了命运。目前恒源祥在"长三角"建立了一个庞大的战略联通体系，它以1200多人的力量控制着100家加盟工厂、5000多个零售店，恒源祥通过资源整合的方式，实现了一个经营奇迹。

与恒源祥合作的企业主要是一些生产企业。由于现在国内产能丰富，这种制造型企业数量很多，数量多竞争就激烈，而且它们还存在一个共同的问题就是没有知名品牌和通畅的销售渠道，所以产品既不好卖，也卖不出好的价格，但是恒源祥恰恰能给它们解决这个难题。恒源祥拥有老字号的品牌，同时有一定的销售渠道，另外恒源祥进一步扩大了自己的销售网络，开始发展零售店和吸纳经销商加入自己的网络中，这些资源丰富了恒源祥原来的销售网络，这样既有制造企业，又有销售网络，从而进一步提升了恒源祥在战略性合作中的价值和地位。

恒源祥的经营模式，将制造资源、销售资源围绕"恒源祥"这个品牌核心聚集在一起，形成了一个制造和销售的网络，恒源祥与合作伙伴的合作是典型的双赢。没有合作伙伴，恒源祥的品牌就成了无根之水，产生不了价值；合作伙伴没有恒源祥，既没有品牌，也没有销路，自然无法面对激烈的市场竞争。由于恒源祥控制了品牌，所以其地位不可替代，处于最关键的核心位置。

搞联合体、战略联盟本身就是在组织结构与经营模式上进行的伟大创新，因为联合体、战略联盟能积聚起庞大的生产力，产生出单个企业难以实现的组合效应，形成规模效益，然而能否有规模效益，关键在于建立利益共享机制。

在进入零售渠道之后，恒源祥的产品实现了"品牌零售价值"。恒源祥获得的收入很大一部分用于"恒源祥"的品牌建设。恒源祥董事长刘瑞旗说过："如果我们有4个工厂，每个工厂都需要1000万元的广告费，就是4000万元。但每个企业得到的回报还是1000万元，因为是自己做自己的品牌。现在4个工厂都跟恒源祥合作了，它们把这1000万元全都交给了恒源祥，恒源祥用3000万元去做广告。对单个工厂来说，用了一个价值3000万元的品牌就相当于赚了2000万元，虚拟的2000万元。我们的利润就这样产生了。"这也就是说，单个工厂花了1000万元做了3000万元的广告，相当于赚了2000

万元的广告费，而恒源祥则赚了1000万元的现金。

恒源祥经营模式中的一个独特之处就是：做什么样的产品并不完全是由恒源祥决定的，有时候是由恒源祥的其他合作伙伴决定的。例如，经销商根据对市场观察和把握的情况来选定产品款式，然后由恒源祥的加盟工厂生产，经恒源祥检验合格后贴上"恒源祥"商标销售。这种做法使联盟体系内的各方都能利用自己的市场信息，整个体系更有弹性，而恒源祥也不用担心自己被架空，因为产品最终要贴上"恒源祥"的商标，这个环节由恒源祥控制。

第三章　云商经济下的资源整合优势
——建立互补、协作的产业平台

云商经济下最典型的平台架构是云商平台，是基于"端"和"云"构成的平台架构。一般而言，在"端"这一侧，也就是在用户这一侧，是平台提供的统一管理、安全、方便、集中、高效的用户界面。在"云"这一侧，越来越多的架构通过云计算技术以及基于云计算技术的开放技术，整合第三方开发者，通过"端"和"云"共同组成了面向云商经济时代的典型的平台架构。

这种架构的典型结构一般是，在"端"这一侧会包括由用户数据、网络接入、社区、电商、桌面等不同形态所呈现出的用户门户。在"云"这一侧，非常典型的功能组建包括云存储和云计算，如分布式存储模块、资源管理模块、网络服务监控模块、应用运行环境模块、应用托管模块、资源管理模块以及必不可少的面向第三方开发者的开放 API 模块。类似的"云加端"的架构体系基本都是这样的。

云商平台模式，在运营中的流程是：一个开发者借助平台所提供的开放 API 完成应用开发，同时数据可以存储在平台提供商提供的应用托管服务平台中。在应用开发完成之后，通过平台管理员的相应审核、审批之后，纳入应用开放平台中，这个应用开放平台由用户通过门户应用目录的方式进行获取。因此"云加端"平台的模式事实上也是一种典型的应用聚合平台的服务模式。

下面我们以腾讯开放平台为例，在"端"这一侧是大量的基于 Q + 以及微信的 App 应用，应用数量正在不断增长。Q + 已经逐渐加入了游戏、影音、微博、团购、旅游等一系列的 App 应用，微信也不断完善支付等更丰富的功能。对于网民而言，Q + 或微信正在逐渐成为网络在线生活中的一个门户，用户不需要一个个去下载安装各种应用软件，只需要通过腾讯客户端寻找不同的 App 应用程序即可。

事实上，从现在的趋势看，微信几乎承担了腾讯在云商经济时代操作系统的职责，腾讯开放平台的下一步部署无论做什么，都会围绕在微信上的部署展开，包括开放式的应用接口标准、浏览器整合、App 化的应用程序、各种数据的云端存储等，腾讯开放平台必将在"端"这一侧实现全面整合。

在云商经济时代，平台领导者选择"云加端"的模式作为自己的主流平台架构，隐含了他们对于这个时代生态链中价值优势的思考。在云商经济时代，数据将会越来越成为关键的资源，通过"云加端"的模式，得以掌握用户所用的全部数据流，这些庞大数据流本身的商业价值不可低估。通过客户的持续黏着，对于用户的深入挖掘，将无形资产转换为有价值产品，这几乎是所有平台领导者长久的盈利模式所在。

登云端而观天下：资源整合就是为了 "1+1>2"

在本章开头，不妨放松一下，给大家讲一个故事——《老婆婆豪赌大总裁》。

在美国纽约曼哈顿，有一位年逾古稀的老婆婆。一天，她带着一个硕大的口袋，来到一家银行，要存 50 万美元。由于数额巨大，银行的总裁亲自接见了她。

总裁问道："这一口袋现金是您一生的积蓄吧？"

"哪里哪里，只是一次打赌赢的钱，而且每次打赌我都能赢。"老婆婆说道。

"愿闻其详。"总裁说。

老婆婆说："总裁您要是想领教，我也和您打这个赌，赌的就是明天上午 10 点半您的头发会自动脱落。"

总裁心想：怎么可能，好端端的头发怎么可能自动脱落，而且是在这么短的时间？于是他决定打这个赌。

第二天上午 10 点半一到，那位老婆婆如期而至，后面还跟了一位风流潇洒的年轻人。老婆婆主动介绍道："这是老朽拉来见证我们这场豪赌的律师。"老婆婆还说验证的方法只有一个，那就是让她揪几根头发看看。

总裁心想，50 万美元呀，揪就揪吧，于是昂然挺立："揪便揪，今日让您输得心服口服！"结果总裁赢了这场豪赌。

总裁正在得意，忽然看见旁边那个年轻律师"砰砰砰"地以头撞墙，神情苦不堪言，忙问道："先生，出了什么事，让您如此痛苦？"

只见那律师哭着说："总裁，您别说啦，刚才，我和这位老婆婆打赌，她说她可以轻松地见到纽约曼哈顿银行总裁，还可以让她很轻易地揪总裁几撮头发，而且总裁不但不发怒，还哈哈大笑，赌资是100万美元！"

虽然这是个笑话，但是，我们不得不佩服那位老婆婆的资源整合能力。银行的总裁怎么可能让别人随便揪自己的头发而不生气？揪几撮头发，虽然痛苦和难堪，但是可以换来50万美元，何乐而不为呢？就这样很容易地让老婆婆钻了空子，赢了50万美元。

老婆婆很有资源整合能力——她可以让看似不可能的事情，在一个系统思想的指导下分工、协调、合作，最终达成目的。

现代企业发展的现状是，你要想具有超强的竞争力，那么你需要有别的企业所没有的独特的竞争优势，但随着商品同质化的出现，你的产品很容易就被别人模仿并被淘汰，这就是为什么传统生意那么难做的原因。如果你没有过人之处，你不妨学习一下那位老婆婆，选择一个团队合作的事业，把一帮子人凝聚到一块，给伙伴们同一个理念与目标，并开发每个人身上的潜能，将每个人的能力与他们身边的资源进行一个系统的协调与支配，完成一个系统的工程，这个系统成功了，那么你也就成功了。

云商模式就是整合资源最好的方式，通过云商的平台，不同的人、不同的资源就可以很容易、很便捷地整合到一起。在云商的平台上，会认识各行各业的伙伴，每个伙伴可能代表一个行业或者是一本活生生的人生教材，身上有太多的行业咨询与多年的人生经历，所以我们将来也可以整合这些人脉。通过对这些资源进行整合，在不久的将来，你就比任何人都能更早地发现另一个更赚钱的平台。这时，你的企业处于产业链顶端，或者是同一行业涉及不同方面的服务，这样就可以增强消费者的需求满意度，实现共同发展，这种"云商大集团"的竞争力要比单打独斗的小公司强很多，从而形成"1＋1＞2"的效果。

现代企业竞争的激烈性与残酷性是一个不争的事实，但是还远没有进入"红海"竞争阶段。企业要想实现快速突破，就一定要学会对企业内外部资源进行系统整合，做到有效运营，尤其是对产业链上其他企业的资源整合，这样既可以大幅降低经营成本，又可以提升综合盈利能力，达到事半功倍的效能。因此当下企业要成功破局，首当其冲的是要掌握对资源有利整合的能力，力争做到"1＋1＞2"。

没有机会还是没有发现机会？信息资源整合重在信息调配交换

1984年9月，中国改革开放的总设计师邓小平同志为《经济参考》题词："开发信息资源，服务四化建设。"这是具有划时代意义的大事。首先，让我们认识到不仅物质和能量是资源，信息也是重要资源，这是认识上的一大飞跃。其次，指明了信息资源只有通过不断的整合和利用，才能实现其自身的价值，发挥更大的作用。在信息资源开发和利用的过程中，整合是手段，利用则是目的。

许多有经验的企业家也同样认为，对于一家企业来说，你可以没有资金，也可以没有技术，但是你绝对不可以没有信息，因为缺少足够的信息，你就会出现盲目性，即使有足够的资金，或是有足够竞争力的技术，但也不一定能获得预期的效果，甚至还会走向反面。

信息资源如此重要，但是现实生活中却出现这样的问题：由于网络信息资源的激增，信息资源的种类越来越丰富，数据库和信息资源检索系统越来越多，检索方式、检索手段各式各样。这便造成了数据冗余、相互关联程度低，大量的信息孤岛出现，同时用户的检索负担也日益加重。在这种情况下，就需要一种手段或者是方法把这些信息资源集中、整序、关联起来，把检索系统集成起来，使用户很容易就知道到哪里可以找到所需要的信息。怎样去查找这些信息？如何筛选检索结果？解决这些问题的唯一方法就是整合信息资源。

所谓信息资源整合，和刚才我们所提到资源整合的概念差不多。它是指将某一范围的，原本离散的、多元的、异构的、分布的信息资源通过逻辑的或物理的方式组织为一个整体，使之有利于管理、利用和服务。

其实，信息资源整合的目的就像邓小平同志所提到的"利用"。信息资源的充分利用，无疑就是使有序的信息资源，更好地为需求者所利用，也就是信息的便利化传递。

在云商环境下，信息资源的传递，使"便利"实现了最大化，云商经济条件，为信息资源的传递提供了一个巨大的便利平台。我们都知道，云计算技术是一种基于互联网的超级计算模式，在远程数据中心里，分布于各地的成千上万台电脑和庞大的服务器集群连接成一张大网，形似一片电脑云；以公开的标准和服务为基础，以互联网为中心，提供安全、快速、便捷的数据存储和网络计算服务，让这片"云"成为每一个网民的数据中心和计算中心。也就是说，只需要一台可以上网的设备，就可以享受云计算带来的便利。由于"云"的资源可以无限扩展，并且可以随时获取，按需付费或者免费使用，甚至有圈内人士直白地称之为"像水电一样使用的 IT 基础设施"。

尽管现代科技十分发达，世界知名企业可以提供很多先进的软件、硬件，但对很多企业来说，这并不是一个好的消息。因为信息资源流通不便，一家新开办的创业公司，要花费巨资购买写字楼、设备、服务器，这些投资最少要 200 万~500 万元，而且重复利用率不高，企业及政府的物理存储资源、计算资源、网络资源等都是按照峰值情况购买，日常使用率不到 20%。而在云商经济条件下，由于云计算弹性扩展、按需使用的特性，使企业不用建设大量 IT 基础设备，就可以有效节省企业在 IT 基础设施上的投入，更进一步节省超容量 IT 带来的电能等资源浪费。

比如前段时间，我们启动的"远程医疗及健康云"云商经济平台，一个病人通过这个云商经济平台，就可以很便捷地得到 100 位专家的会诊。通过这个平台，一个小地方的患者即使不出门也可以享受北京、上海等知名医院和专家的服务，不论是去哪家医院看病，只需要通过一个虚拟的电子病历来实现，还可以累积自己前后的看病记录。同时，通过云计算平台搭建的远程医疗服务网络，可以让一个小地方的患者同时面对 100 位专家的诊断。

综上所述，信息资源是目前企业最重要的资源之一，信息资源的利用也就是信息资源的快速、便捷的传递，通过云商经济圈这个平台，信息资源的传递可以更加便利、更加快捷。

为事业搭建腾飞的平台：要"欲穷千里目"，就要"更上一层楼"

谁都想做行业生态掌控者，即通过吸附各类开发者、服务商资源，打造自己的产业链优势地位，平台的开放可以增强用户黏性、干预流量走向，进而提升其商业价值。正所谓"欲穷千里目，更上一层楼"。

这一逻辑，也被众多云商企业所重视，各云商巨头们纷纷齐声高唱"开放"，业内一下子就建立了20多个开放平台。在互联网用户增长、"人口红利效应"减弱、企业自身扩张边际渐显之后，开放平台成为新的最优发展方式。

据媒体报道，阿里巴巴和新浪即将推出云猫电商平台，意图将社交媒体与电商进行深度整合；腾讯与广东联通也推出了"微信沃卡"，腾讯微信平台社会资源的强大号召力促使运营商与OTT合作破冰；京东商城也公布了四大平台支持计划，包括技术、服务、物流和财务方面，给予合作伙伴全方位的支持；百度也宣布出资19亿美元收购91无线，该事件也被解读为其开发者平台全局优势建立的标志。

平台的搭建首先为资本市场带来诸多的机会：一批首创开发项目赢得投资方高价收购，平台公司的价值成为许多基金、私募等投资机构深度挖掘的"金矿"。不少上市公司所涉及的新科技平台技术以及"平台战略"，则被市场视为炙手可热的卖点，进而受到资金青睐。

拼合作盟友、拼所拥有的各种资源、拼用户的基础，以庞大体量为核心的云商平台战略，正通过重组产业链基因，进而成为互联网社会极具领导力的商业模式。有关专家认为，云商平台战略正在颠覆互联网时代的游戏规则，云商巨头们正在试图以一种新的客户价值链来看待平台生态圈。

最近有一本特别火的书，它就是中欧的陈威如教授写的《平台战略》一书，他把平台战略的这种模式在中国彻底点燃，以至于很多做O2O的企业，没有仅仅去做O2O的企业，而是去做一个O2O的平台。这本书写得非常好，不论在任何时代，打造平台都是大势所趋！

前面我们讲过云商的概念，云商模式通俗地讲就是"腾云驾'物'"，其中的"云"，毋庸置疑就是指云商平台。通过云商平台，以电商集群的方式，通过供应链有效连接组成"商务云"生态系统，在产品、服务、营销推广等方面实现资源共享。

在云商时代，你的企业也许客户需求量越来越大，越来越多的客户来使用你的产品，通过你的产品和服务来解决他们生活中的一些问题。这个时候，你自己的规模如果不够大也不用发愁，因为你身处一个云商经济大平台，这个平台有无尽的资源，而且传播也非常便利，就好像自己企业的一部分一样，随时为你所用。所以，我们认为云商时代模式，就是平台功能发挥最大化的表现。

云商平台打造的精髓就在于打造一个完善的、成长潜能强大的"经济圈"。它拥有独树一帜的精密规范和机制系统，能有效地激励多方群体之间互动，达成效益。平台经济圈里的一方群体，一旦因为需求增加而壮大，另一方群体的需求也会随着增长。如此一来，一个良性循环机制便建立了，通过这个非常便捷的云商平台的交流，会促进各方实力的无限增长。

从点到面，再到"1+1"的推荐和精确营销：
每个人都是一个新云商

在讨论成为一名新云商这个问题之前，我们先来看下面的例子：

小玉是生活在北京的一个"上班族"。在每个周末的早晨，她起床的第一件事就是打开智能手机，看看是否有公司发来的电子邮件，并打开微信朋友圈预览一下，看看朋友们都有什么新鲜的事情与大家分享。

这天早晨，小玉在微信朋友圈看到一个姐妹发来的一条组群信息，那是她们相约中午要去的一个餐厅，随即她打开大众点评网看了别人对这家餐厅的评价，食物、服务、环境都很不错，唯独这家餐厅不允许自带酒水，似乎令人失望，但是总体还是不错的。于是，她立马起床梳洗，换上运动装，戴上耐克的记录表，并将一个小巧的传感器放在跑步鞋里。

在接下来的一个多小时，小玉在和煦的阳光下，开始了晨练，记录表则自动将她今天晨练的里程、时间，还有消耗的能量等信息输入系统。她看了看耐克社群里朋友们发布的数据，发现自己比其他人提前达到了默认目标，没过几秒，便得到了陌生人的留言，通过QQ聊天，他们很快互相认识，原来他们都是运动爱好者，而且还是在同一个行业。

吃过早餐，小玉打开工作电脑，通过阿里巴巴国际商务平台，很容易就找到了远在美国的一家公司，与小玉洽谈的詹姆斯迅速向她提供了报价。她对各厂商的条件进行核对后，最终决定和詹姆斯达成合作关系。

到了中午，小玉通过打车网预约了一辆出租车，通过定位系统，很容易找到那家餐厅，于是她和她的朋友在这里度过了一个愉快的午餐时间，最后她用维萨卡（VISA）付了钱。

中午稍事休息，小玉决定和朋友到电影院看电影，于是通过团购网站购得电影票。精彩的电影结束后，她感觉有稍许劳累，就回到了家中。她先上网查看自己最近投资的股票的走势，接着登录小额贷款平台的网站，花了半小时浏览借贷人的背景资料。她看中了几个信誉良好的对象，现在双方只要在利率上达成共识，这笔项目便成交了。

临睡前，小玉又打开微博，看看朋友们有没有什么有趣的事情。看着看着，睡意袭来，她伸手熄了灯。

小玉这个周末的经历告诉我们，进入互联网时代，我们生活的每时每刻似乎都与网络分不开，其实不仅是衣食住行如此，而且我们的工作也是如此。比如，小玉通过阿里巴巴国际商务平台，便可以轻松地找到自己满意的来自大洋彼岸的产品供应商，并达成合作共识。淘宝网推出的 C2C 商业模式，就是吸引了众多网商交易的爱好者在淘宝开店，全面改变了个人创业的理念和途径，使每一个人都能成为名副其实的商人。

但是，假如我们自己开发一个电子商城，大概需要多少成本？据资深网站技术开发人员做过这项费用评估，以最少的人员、最短的时间、最低的月薪来预算，这至少需要 10 人团队、历经 6 个月、18 万元启动资金，这还没算上商品投入成本、网站运营成本、网站维护成本。显而易见，人人能成为电商绝不可能。

相比之下，在云商时代这一切则变成可能。刚才我们也提到过，你只需要一台联网的上网设备，你可以没有写字楼，可以没有设备，也可以没有员工,只需要你有整合能力,云商平台上的所有资源,都可以为你所用,你可以通过云端轻松地找到产品供货商,也可以轻松地找到消费者。显而易见,云商经济圈,为每一个人都建造了一个商业帝国,只是看你有没有那个勇气、魄力或者激情,登上这个商业帝国 CEO 的宝座。我们每时每刻,衣食住行都离不开互联网,此刻,也恰恰是这一工具配合云商平台,让我们个人能够与世界 500 强达成合作,当然你也可以轻松地找到远在万里的另一个与你一样有激情、有抱负的合作伙伴,或者你们共同与某个世界 500 强合作。

云商经济平台信息传递快捷,通过个人可以发散到整个商业网络,也可以精准定位到客户,让每个人成为云商。再过若干年,也许 SOHO 一族会成为这个社会的主流,我们可以足不出户,很轻松地工作、学习,通过云商平台,我们每个人都可以自由地翱翔在商业的天空中。

无处不在的 App:"云"已经渗透到我们的生活

"若夫乘天地之正,而御六气之辩,以游无穷者,彼且恶乎待哉!"这是两千多年前中国最著名的思想家之——庄子所著《逍遥游》中的一段话。意思是说,至于遵循宇宙万物的规律,把握"六气"(指阴、阳、风、雨、晦、明)的变化,遨游于无穷无尽的境域,他还仰赖什么呢!《逍遥游》以其诡秘绮丽的幻想,成为思想界旷世不朽的名篇。庄子为我们创造了一个"心意自得,畅游无限"的顶级冥想。庄子未曾想到,几千年之后的今天,他的这番丰富、瑰丽、神秘的幻想,经过后世技术和文明的不断推进,正在无限地接近这个"自由世界"。

无处不在的网络社会，一个由计算机、软件、物流、网络共同交织、构建的全新世界正在成为人类技术发展的方向。它将人与人、人与物、物与物连缀在同一个网络，或相互能够访问的不同网络里，相互关联，一触即发，一呼百应。尤其是物联网和云计算的出现和发展更是创造了大数据世界，使大数据更加接近我们的物理生活，而不单纯是电脑创造出的数据。它能够为我们提供最自由的生活，无处不在的便利。

通信、计算机、电子、信息、网络、RFID、物流、纳米……数不过来的技术构筑着无处不在的网络社会的基础，而政策规划、金融服务、行业管理、社会伦理等，都成为影响这一社会到来的关键因素。话又说回来，不管怎样，"无论是谁，无论何时，无论何地"，我们都在被这个无处不在的网络时代所包围。

下面我们看一段在第三届全球 WiMAX 高峰会议上，中国移动研究院无线通信技术研究所展示的一个影片。

小强坐在回家的校车上，戴着眼镜。这不是一个普通的眼镜，镜片是一个屏幕，镜框或腿是遥感器、终端接收器，甚至是控制器。小强爸爸刚导完一部片子，也在回家的路上，正在通过车载视频与小强聊天，答应一定马上回家，回家一定有礼物。

到家门口，小强下车，按门铃。小强奶奶正在家里包饺子，墙上的大屏幕显示出小强顽皮的样子，奶奶一句"进来吧"，门自动开了。

小强爷爷正在放风筝，腕上的手表传来了信号，小强奶奶在提前通知老头回家吃饭，"别玩儿得太疯"，小强爷爷从腕表的视频里看到小强在做鬼脸，连连答应回家，同时收起了风筝。

这不是个普通的日子，是中国人的春节。小强的姑姑在国外，与一群来自世界各地的学生包饺子，这时候也没忘记与家里联系，母女俩通过视频"唠嗑"，老母亲还夸奖了女儿有本事。

小强的妈妈是位医生，手机上有儿子、丈夫的信息，工作虽然很辛苦，但也能与家人实时联系。小强的爸爸答应导完片子一定回家给小强带礼物，但还是失言了，因为有紧急任务，他在网络上向小强表示"抱歉"……

"云"已经渗透到我们的生活，"无处不在"的 App 应用，是未来网络战略的关键词，这个影片正是中国移动研究院对电商时代的一个完美诠释。

对于"无处不在"更严谨的解释是：要创造一个随时、随地、任何人都可以上网的环境，这一环境是一个网络、信息设备、平台、内容和解决方案的融合体。

智能社会下最便利的体现就是智能商业，《2022 年的智能社会展望》一书中这样描述未来社会人类的购物方式："虚拟的购物中心显示在屏幕上，如果你需要买一件新的运动衫，墙上的屏幕就会突然出现一个购物中心的图像。你的手只要一挥，屏幕上的图像就会自动进行切换，仿佛你置身在购物中心里，随意挑选你想要的运动衫。"更主要的是，你不用再等待排队结账，只要推着购物车通过出口，银行会自动扣除你的账户金额，而这个银行账户信息很可能就在你的手机里，或综合的移动终端的某个芯片上。

越来越简单的生活给技术和社会分工、服务提出更高的要求，而无处不在的网络社会建设即是满足这样的要求的。当然这也是资源整合最主要的条件之一，我们只有具备这样一个无限扩展的平台，才能整合更多的资源，整合的资源也才能更加便捷。

我们需要认识到，这场革命不是一蹴而就的，其复杂性难以预料，因此，我们不仅要密切地关注技术的发展，更要放眼世界，关注未来战略。

触目可及的二维码电子标签：更加快捷方便的二维码，见到只需扫一下

早晨匆忙上班的路上，拿出手机随手扫描公交车上的一个二维码，那么，等你到办公室后，美味的早餐就已经放在你的桌面上；下班的时候，随便扫一个二维码，你的娱乐生活就会非常的丰富，首先和心爱的她或他到最喜欢的餐馆就餐，然后到电影院美美地看一部电影；出外旅游，游览观光不再需要带上导游了，扫描一下二维码便可以穿越时空，感受动态的现场讲解。

在通信科技高速发展的 4G 时代，以上景象再不是只有在科幻片中才能看到的场景，多种迹象表明，便捷的二维码应用，逐渐走进我们的日常生活，"扫"二维码时代已经到来。

黑白相间，纵横交错，形似迷宫的方形二维码，与时尚的手机应用相结合，不仅为所有人打开了一个更加广阔和充满想象力的天地，更开通了一个全新的营销通道。二维码具有储存量大、保密性高、追踪性高、抗损性强、成本便宜等特征，这些特征特别适用于表单检索、追踪核查、安全保密、证照编码、存货盘点、资料备份等方面，因此自从诞生之日起，二维码就得到了世界上许多国家的关注。

二维码诞生于 20 世纪 80 年代，曾风靡日韩。几年前，日本、韩国电信运营商率先把二维码和智能手机结合起来，随着智能手机的普及，云计算的

完善，手机二维码和电子商务的结合，也给了那些嗅觉十分灵敏的电商一个无限想象的空间。现在在中国，二维码也不再陌生，我们身边到处都是二维码的踪影。公交车站、厕所内、演唱会的门票上、杂志上，甚至我们吃饭开具的发票上，无不充斥着这些带给我们便捷生活体验的黑白相间的几何图形。

当二维码和智能手机相结合就会产生奇妙的应用。具有照相功能并满足一定条件的手机通过拍摄识读二维码，这种功能在户外广告上正得到大量的应用，企业和商家可以在现有的任何时间和任何地点对产品进行了解。这种了解是全方位的，不是原有的简单的一个户外或平面媒体的广告内容可以相比的，也不是短短的几十秒的广告内容可以体现的，户外广告有面积的限制、平面媒体有版面的限制、视频广告有时间的约束，而二维码则没有这些限制，它具有极大的信息量，当我们看到自己喜欢的商品，用智能手机一扫，便可以轻松地得到这件商品的出厂日期、原料、制作工艺等基础信息，还可以得到别人对这件商品的评价，以及其成交量、促销情况，还可以与同类商品进行对比，再通过手机支付，很便捷地就可以完成交易。比如当你看到《蜘蛛侠3》的电影预告海报，恨不得马上买票一睹为快，这个时候用手机拍摄一下海报上的二维码，就直接登录到了预定电影票的页面，而且还可以观看片花。

除了方便和信息流大之外，手机二维码营销手段的另一个优势就是可以监视营销的效果。我们现在处于一个大数据的时代，手机二维码促成的消费同样会产生诸多的数据，这些数据很容易便传输到云平台上，这可以为云商提供决策依据。任何一家企业都明白，他们很大一部分的广告费都浪费了，因为无法找到精准客户，手机二维码的应用则很容易就能解决这个问题，那是因为手机二维码可以在不同区域设置不同的二维码，企业和商家可以由此判断不同地区的市场状况；而且由于手机媒体的特性，手机二维码可以精准地跟踪和分析每一个媒体、每一个访问者的记录，包括访问者手机机型、花费类型、访问时间、地点、访问方式及其访问总量等，这些数据和信息，为企业选择最优媒体、最优广告位、最优投放时段做出精确参考。

二维码应用的前景是一片光明还是过渡性手段，这只是一个技术上的问题，我们从中看到的是，以手机二维码为代表的移动营销，将在很大程度上改变企业的营销方式和品牌塑造方式，越来越多的企业将把营销转向手机，选择移动营销方式塑造自己的品牌。"世界是手持的"，当人们的生活越来越多地依赖手中的这部机器的时候，营销方式的转变是必然的，也是必要的。

"云时代"：工业经济向信息经济转化的巨变时代

目前我国网民人数已经突破 5 亿人，移动互联网用户也已达到了 3 亿人，智能手机、平板电脑等智能设备将数字技术普及到我们的生活、学习、工作和娱乐的点点滴滴。2010 年在 IT 行业有个名词很热门——云！当"云"和"计算"、"存储"、"查杀"、"搜索"等联系到一起时，这些含义让我们感到虚无缥缈、"云里雾里"摸不到头脑，"云里雾里"之后，你会发现你的生活方式即将被"云"改变。

说到这里，我们不得不提到一个概念，那就是"云计算"。随着用户数量越来越大，用户对于信息资源的需求也就越来越大，在这种情况下，"云计算"便产生了，谷歌推出"云计算"的概念，IT 行业的各大厂商都无一例外地卷入了一场"云中的战争"，2010 年也因此被 IT 界称为云计算元年。

"云计算"这个概念非常抽象，如果说得通俗一点，就是一种基于互联网的超级计算模式。在远程的数据中心里，成千上万台电脑和服务器连接成了一片"电脑云"，用户可以通过电脑、笔记本、手机等方式接入数据中心，体验每秒上万亿次的超级运算快感！说白了，云计算实质上并不是技术上的创新，只是让"老"技术通过重新组合，发挥出更大的价值，再加上由云计算所衍生的云存储、云软件、云平台、云设备，一种创新的商业模式也就形成了。

2006 年 4 月 10 日出版的《红鲱鱼》杂志，有一篇名为《互联网的未来》的文章。作者采访了包括"互联网之父"温顿·瑟夫在内的 20 位 IT 界精英，文章做了几项大胆的预测：到 2016 年，全球网民数量将达到 30 亿人，其中大部分为移动接入用户；速度保守预计将达到 100M/s，可实时地进行视频通话；由于互联网无处不在，人们可以一直"在线"；随着互联网的普及，RFID 应用将随处可见。

光阴荏苒，日月如梭，当年的预言，目前正在一步步变成现实。对于企业和个人而言，云计算时代就这样到来了，未来我们将不再上网，因为我们一直都在线上，此时，一切来源于网络，一切依赖于网络，一切运行于网络，这是多么美好的互联网前景！

世界正在步入 IT 革命和全球化的第二乐章——"云时代"。通过互联网，数据中心的巨大计算和存储功能像云彩般覆盖世界的每一个角落。今天，无论是企业还是个人，都可以超越国境，便利和自由地利用高性能的云计算系统，人类的生活、工作和创业环境骤然巨变。

凭借"云"，苹果、淘宝在线销售电视、电影、电子书籍和其他商铺；

百度免费提供搜索、卫星地图、计算等，争夺"制空权"首战告捷的弄潮儿们风头正劲。

人们也习惯于采用"云"采购自己需要的商品，越来越多的人把日程、照片、文件、资产甚至病历的管理托付给"云"。同时，"云"的存在不仅正在变革商业领域的生存，而且还正在涂改行政、教育和医疗等公共领域的模式。更重要的是，无所不在的"云"使创业者们可以零成本地把创意变成现实的服务提供全球。

"云"的出现开启了人类社会新纪元！

当今企业之间的竞争，不是产品之间的竞争，而是商业平台的竞争

世界管理大师彼得·德鲁克说："当今企业之间的竞争，不是产品和服务之间的竞争，而是商业模式之间的竞争。"的确，现在企业"低成本时代"已经彻底终结，企业将不可逆转地进入"商业模式"与"资本"层面的竞争。得"商业模式与资本"者得天下！

但是商业模式远远大于盈利模式，盈利模式只是涉及企业如何赚钱，而商业模式是关系到企业如何赚到 10 倍的超级利润，以及如何赚到 10 年的长期利润。这就是企业建造商业平台所涉及的问题，所以我们可以果断地下结论：当今企业之间的竞争，不是产品和服务之间的竞争，而是商业平台之间的竞争。

建立商业平台的企业，比如苹果、沃尔玛等，不仅可以迅速扩张市场，而且还完全脱离了如价格战等一般层次的竞争，达到了"不战而屈人之兵"的境界。所以，我们要记住，一定要跟最多的人搭建一个平台，跟更多的人建立联系，以此创造最大的价值。

阿里巴巴在中国台湾开公司，你知道他的资金是多少吗？而现在阿里巴巴的身价又是多少呢？阿里巴巴在中国台湾的公司资本额只有200万台币，折合人民币还不到50万元，你会很奇怪，怎么可能，原来阿里巴巴在中国台湾投资金额这么小呀？其实是你弄错了，真正的公司并不是在融资金，而是在融资源。你可曾知道阿里巴巴在中国台湾有两个合作伙伴，一个叫郭台铭，中国台湾首富，另外一个是中国台湾最大的民间银行，这两个合作伙伴都不缺钱，所以钱不是他们的问题，他们是资源的合作。

脸谱网、苹果、阿里巴巴、腾讯这样的世界一流企业，都被称为平台化企业。阿里巴巴创始人马云在公共场合总愿意分享"打造千亿社会化平台"的愿景。为何"平台"的概念如此火爆？

对于企业而言，打造企业商业平台可以吸引大量关键资源，实现跨界整合，并能以最快的速度整合资源，使企业家将眼光从企业内部转向企业外部，思考行业甚至跨行业的机遇和战略。另外，平台经济圈的一方群体，一旦因为需求增加而壮大，另一方群体的需求也会随之增长。如此一来，一个良性的循环机制便建立了，通过此平台交流的方式也会促进对方无限增长；而通过平台模式达到战略目的，包括规模的壮大和生态圈的完善，乃至对抗竞争者甚至是拆散产品现状，重塑市场格局。

企业生态平台打造的精髓，在于打造一个完善的、成长潜能强大的"经济圈"。它拥有独树一帜的精密规范和机制系统，能有效鼓励多方群体之间互动，达成平台企业的愿景。

打造企业商业平台是任何一家企业都需要制定的战略目标，尤其是现在云时代的到来，"云平台"很容易就可以将各个企业或者是各企业组成的平台，连接成一个足够大的平台，充分地整合资源。比如平台型企业联想、电信等不仅会与IT厂商合作，还会与拍拍、淘宝等互联网公司合作，也会与物流、银行等商业服务机构合作，这样就做成一个足够开发的平台，目的是在云平台上的任何一家企业或者任何一个人，都可以拥有足够的资源，足够的竞争力。所以，在注重打造商业平台的今天，对于资源整合是一个莫大的契机。

云商是大势所趋：你是在产业链的最底端苦苦挣扎，还是到市场的"富矿区"去"淘金"

乔布斯逝世前，苹果公司市值一度攀升到3370美元，超越了埃克森美孚石油公司，成为全球市值最高的企业，相当于微软、惠普、戴尔三大巨头的总和，最近还荣获全球最具价值品牌评比第一名。在苹果公司创造的无与伦比的产业奇迹背后，在令消费者疯狂的"i"系列产品尖端手机豪华背景下，你是否反思过其产业链条高低端之间的利益分配的天壤之别？

苹果公司是"全球代工"典型的代表，乔布斯的苹果公司只负责产品设计、技术监控和市场销售，而所有的生产加工环节都以"委托生产"的方式，外包给遍布世界各地的下游制造商。"我们动脑，他们流汗；我们出思想，他们卖体力"，苹果手机的这种产业链价值分布最能说明问题。

一部 iPhone 手机的售价是 178.96 美元，当然在中国销售的价格要在此价格基础上的两倍以上，其中在日本生产的闪存和屏幕，价格是 24 美元和 35 美元；信息处理器和相关零部件需消耗的 23 美元是在韩国制造的；全球定位系统、微电脑、摄像机、WiFi 无线产品等是在德国制造的，总价格 30 美元；美国制造的蓝牙、录音零件和 3G 技术产品是 12 美元。除此之外，材料费用、各种软件许可证和专利费用，合起来近 48 美元。这些零部件都在中国组装，费时、费力，但我们只得到不到 6.5 美元！这意味着富士康这一类的公司及成千上万的员工，从这部价格昂贵的尖端手机里，只能分享 3.6% 的价值，按零售价计算还不足 2%！

前段时间，我们一直看到这样的新闻，富士康不是有人迫于生活压力跳楼，就是出现群殴现象，尤其是当被有关检查部门查出，这些工厂的废水、废物排放对环境造成难以弥补的伤害，他们都以"利润太薄"来搪塞。

一个是公司市值世界第一，一个是条件严苛、压力巨大、员工的权益和心理健康受到巨大损耗的工厂；一边是保持 50% 以上的高利润，一边是约 2% 的微利。为什么会出现这样严酷的现象，根本原因在于中国的代工企业处于这条产业链的最底端！

从通过对苹果产业链价值的研究中我们不难发现，苹果公司凭借自己的原创设计，占据产业链的最高端，从而获得利润的最大头，而富士康凭借组装等劳工工作，处在产业链的最底端，只能获得微不足道的利润。这给了我们以警示：我们不可以再在产业链的最底端苦苦挣扎，我们要进入市场的"富矿区"去"淘金"。

然而，跻身于市场的"富矿区"谈何容易，苹果的产业链价值效应，如果没有美国强大的综合国力和产业研发能力做支撑，没有美元的全球化和强势的美国文化做后盾，是很难建立起来的。要想在富矿区分一杯羹，中国电商的阶段性发展给了我们启示，那就是需要大规模资源整合。目前国内网购增速逐步趋缓，而且对风投资本的投资更加谨慎，长期亏损做流量和规模的阶段已经过去，未来 B2C 电商只有"抱团取暖"方有出路。

腾讯入股京东，揭开了电商整合的大幕，它们起到一定的互补效应。从京东角度来看，腾讯在微信资源上将给京东带来一定帮助，这样也弥补了京东在移动端没有市场控制力的弱势；同时，也能在京东上市时给投资者带来更大想象力，有助于提升京东上市估值。总体来看，京东可从腾讯获得流量、微信平台、更高上市估值等资源，同时也可以实现京东供应链＋微信移动流量的协同。

对腾讯来说，腾讯正在重金打造的 O2O 生态链，有了京东的加入，正好弥补了它的短板。同时，像京东这样的 B2C 电商对腾讯依然是一块重要战略资产，腾讯依然需要后端的供应链和服务提供商来保证用户完整的体验。而 B2C 电商在后端供应链和服务能起到较大的作用。

事实证明，要想占领产业链的"富矿区"，需要整合产业链中其他的资源，也可以是不同行业的资源，最终形成自己的核心竞争力；也只有进入云商时代，最大规模的资源整合才能成为可能，这也是大势所趋。

风风火火的 O2O 模式：从线上认购到线下参与

电子商务现在已经开展了十几年，诞生了各种各样的模式，比如 B2B、

C2C、C2B 等。然而，最近的电子商务的热点中，O2O 似乎成了新的宠儿，阿里巴巴的支付宝、百度地图都看中了这块新鲜的"肥肉"，都在摩拳擦掌，都想分而食之。

O2O 模式就是线上与线下的一种整合的模式，这种模式的核心就是将线上的消费者带到现实的商店中去，先在线支付购买线下的商品和服务，再到线下去享受服务。李开复曾经说过："你如果不知道 O2O，但至少你应该听说过团购，但是团购只是其冰山一角，只是其一小部分。"

在云商经济条件下，企业通过网络平台吸引和招揽客户，然后利用云商平台的优势，通过一些优惠活动或独特服务吸引这部分客户到实体店中消费，又结合实体店带给消费者的消费者价值体验，促成销售。O2O 模式奉行的是"线上支付 + 实体店消费"的消费模式，也就是消费者在网上下单完成支付后，借消费凭证到实体店完成消费。具体运作模式大致表现在优惠券、团购及酒店机票等预订服务上。

电子商务和传统商务在发展的过程中都遇到诸多的问题，传统商务虽然受到电子商务的冲击，但是凭借消费者体验这一优势，人们大量的消费依然聚焦在本地的生活服务方面，比如餐饮、健身、美容美发等，这些传统经济就无法纳入传统电子商务版图，而互联网因为无法满足消费者体验的缺点，很快出现乏力的现象。随着互联网科技的发展，云技术的运用，产业开始被数字化，并逐步进入移动电子商务领域，兼得线上订购的便捷实惠和线下消费的完美体验的 O2O 模式便诞生了。

云技术的运用，有效提高了企业营销效果。在这之前，企业的市场推广和销售多是分开进行的，对市场的判断常处于一种模糊的状态，通常是做了大量的市场推广，但是结果未必能带来客源，究其原因是没有实施数字化，或者是数字化的链条没有延伸到交易终端。随着移动互联网、云技术等的运用，企业在借助互联网搜索工具推广产品时，加入二维码，用户输入自己的手机号下载条码，持条码到达实体店进行消费，这个时候，企业通过后台系统就可以看到企业产品在哪个地方、哪个时间被使用，而且还可以通过数据和信息，判断感兴趣的消费者有多少，又有多少消费者转化为实际消费者。

O2O 模式下的平台是一个营销平台，更是一个销售平台。把网上浏览的客户变成进店的客户，然后再变成忠实客户；将实体经济充分数字化，并以数字化的手段提升营销效果，最终达成销售，这是云商经济时代，云技术对整个销售与市场体系的一个重大变革。

另外，在云商经济平台上，实体经济通过 O2O 模式，不但可以实现线上流量向店客流量的变化，另外传统企业还可以与消费者进行互动，从而获得数据，实现精准营销，获得客户，也可以让消费者找到更优惠、更适合自己的个性化产品。

O2O 模式一方面承载着实体企业，另一方面承载着数以万计的在线消费者，所以这种商业模式在云商经济条件下，必然会显现持久的优势，就像团购那样。当然，我们也要吸取团购的教训，不断升级产品，充分挖掘和满足消费者需求，降低企业进入门槛，为消费者提供优质的移动互联网应用软件和服务，以此建立一个科学的 O2O 模式。

自媒体时代的到来：信息碎片化下
的社会化营销渠道

媒体，最早可以追溯到皇权时期，中国最早的媒体载体是封建王朝的皇权制度，当时皇帝要把咨询传递到全国各地，有一个名词叫"昭告天下"，这就是媒体最早的证明。

随着科学技术的发展，咨询也日益丰富，人们需要更多的信息获取渠道，随之诞生了无线电、广播、电视、互联网等一系列的媒体传输渠道，成为不同年代人们获取资讯的途径和方式。贯穿上述媒体发展始终，你会发现，无论是哪个年代的媒体，做的事情都只有一件：传达咨询给想知道或想让他们知道的群体。因此媒体的定义就是一个资讯传输的媒介，其唯一的作用就是传输各种资讯。

事实上，传统结构下的媒体还存在一个极大的制约，就是这些媒体都不同程度地控制在某个利益集团的手里，很难自由地表达本身的意愿。随着自媒体时代的到来，资讯的春天也来临了。在自媒体时代，媒体不再绝对控制在利益集团手中，在"普世"的价值观支撑下，自媒体将会重新定义媒体的属性和根本用途。同时自媒体时代还有一个巨大的特点，除了能传输资讯外，它还承担着资讯创造的职能，这一点将是颠覆式的革命。

新媒体的发展确实在某种程度上解放了受众，新媒体和网络的互动性使得受众能够自主地选择媒介进行消费，受众的个性得到了很大程度的开发，他们不仅仅是过往购买的决策者，更是购买环节中对产品的评论者和传播者。与此相反，受众群也正变得越来越碎片化，难以精准化。受众对媒体的选择出现了碎片化的趋势，媒体本身也出现了相应的发展和变化。现代社会，人与人当面互动的机会逐渐减少，SNS、微博等社会化媒体正成为广受欢迎的互动工具。社会化媒体的普及迎来了"自媒体"时代，所谓"自媒体"就是每个人都是媒体，都能向社会传播信息，这也在一定程度上导致了社会信息的碎片化和多元化。

社会化媒体有其鲜明的特征，互动性、定制化、社会化是其三个最为显著的特征。首先，互动性使得用户之间可以互相交流，还可以对信息及时进行反馈，对信息进行直接评价。美国学者研究证明，互动可以引发对内容更强的卷入度，还可以对所在平台产生更多的好感，互动中信息的可信度也会提高。其次，定制化使媒体能够根据受众的反馈和评价为受众推荐相关的信息。碎片化的受众需求决定了定制化服务的旺盛需求，"云技术"的实现将大大提高定制化的程度，个性化的信息服务更有利于广告商锁定用户。最后，社会化媒体正成为一种新型的社会互动方式，用户每天在社会化媒体中的时间越来越长，社会化媒体的内容对受众的影响也就不断增加。如何利用好社会化媒体的这些特性，越来越成为营销人员的关注重点。

宝洁公司是全球最大的广告客户，2012年宝洁公司发布了一则新闻，打算裁员1600人以削减成本，这其中大部分是营销人员，因为宝洁公司2011年的广告支出达到93.15亿美元，在过去两年大幅增长了近24%，但令宝洁公司尴尬的是，每年巨额的广告支出与公司销售收入的增长速度和额度并不匹配，而通过分析不同媒介的效用，宝洁公司发现，与传统媒体相比，脸谱网与谷歌等数字媒体特别是社交网络"效率更高",因此他们会加大在这些新的数字媒体上的投入。

应该说,所有的品牌在今天都面临和宝洁公司一样的困惑,媒体进入了一个碎片化时间变成主流的时间、信息量多元化、碎片化去中心化这样一种大市场的环境下,传统媒体对于消费者的影响力在减弱。"广告"这个词已经很难让企业传播的信息精准地到达消费者那里,而社交媒体的出现,更让传统的口口相传的模式在线上可以得到极大的扩散。于是,社交媒体的营销成为企业密切关注的数字营销领域之一,企业不仅要学会利用社交媒体,更要具备"社交化"数字营销思维。

在参与互动中宣传品牌:有关系找到关系,没关系努力建立关系

《大不列颠百科全书》这个知识领域至高无上的权威,曾经让无数人敬仰。但是,时至今日,全新的具有革命性的《维基百科》彻底颠覆了传统百科全书的编辑方式,在短短的几年时间里快速成长为这方面的第一品牌,并且发展出一门全新的学科——维基经济学。《维基百科》的内容在实质上与著名的《大不列颠百科全书》一类的百科全书没什么根本区别,但是它的撰写者和管理者却不是能够入选《大不列颠百科全书》作者名单的专家学者,而是网络志愿者。它采取向大众开放的平台、打破限制的方式发动大众参与,让大家自由提供反馈并创作内容,内容开放的材料允许任何第三方不受限制

地复制、修改甚至再发布材料的任何部分或全部，形成一种全员互动格局。《维基百科》的成功就在于"参与互动"四个字，即让大众广泛参与、积极互动、共同享有的运作模式。

近阶段不可忽略的事实是，大众传播已从"打靶论"发展到"互动"的阶段，市场营销也是如此，已经从单一的"企业生产产品、引领传播信息、发起营销活动，消费者选择接受信息、购买产品"的时代，走向了消费者和企业"互动"的时代。大众在参与互动的过程中能够深切感受到共享的乐趣，从而在头脑中留下美好的印记，在当今的时代，善于让大众广泛参与、积极互动，已经成为那些速成品牌的共同特征。

新一代消费者的消费行为日益表现出个性化、情感化和直接参与等偏好。消费者已经从注重产品本身转变为注重使用时的感受，对个性化的产品和服务的需求越来越高。同时，消费者在接受产品或服务时的"非从众"心理日益增强，相信自己判断和感受的趋势日益明显。这就是为什么消费者互动参与强大向心力的原因所在。

对于企业而言，独占品牌诠释权的想法已经一去不复返，营销人不如将自己调整为主办人，邀请消费者一起参与这场品牌"派对"。

联合利华女性品牌"多芬"于2005年和2006年推出的"真美运动"即是如此，他们与众多民间组织合作，邀请媒体和美容行业的意见领袖，举办了一场主题为"辩论美丽的意义"的大型研讨会。并配合一系列的地方性研讨活动和照片影像巡展，更让这场辩论从精英层推向普通大众，各地遍地开花。多芬"真美运动"官方网站（www.campaignforrealbeauty.com）通过网络和科技使更多消费者的互动愿望得以实现。在网站社区，多芬提出问题"什么是真正的美丽"，访问者可以交流关于"美丽"的理解，这个网站也成为一个讨论美丽、自尊等女性话题的全球性社区。

事实证明，无论是面对面的线下互动，还是在虚拟空间所展开的线上互动，都应该让消费者在参与的过程中体验到品牌所创造的情感关怀。一个好的产品，如果不能让客户产生有效的互动，就无法让顾客体验到产品的价值所在，无法在顾客内心引起互动和情感共鸣。

光是参与互动还显得不够，最好能够使消费者乐于参与互动，通俗地讲，就是举行一些消费者比较乐于接受互动的活动，比如，为明星构想设计形象，应该是"粉丝"们梦寐以求的乐事。

美特斯邦威就提供这样一个网络互动平台，消费者可以在网上选择不同款式的服装，为周杰伦打造各具个性的造型，然后在演唱会现场，周杰伦就会穿着你所搭配的衣服表演。在这个过程中，消费者体验到品牌所创造的时尚个性感受，而且还了解了美特斯邦威最新的款式，并亲身参与品牌文化的再创造。

云商时代，消费者在线上的参与互动成为一种普遍的现象，因为我们生活的每个细节都被云所渗透，而且我们一直处在线上，企业和消费者交流便利，首先消费者的需求将被充分地满足，其次企业的品牌文化塑造任务，可以让消费者来承担一部分。因此，作为云商也要充分认识到这一点：有关系找到关系，没关系努力建立关系，依靠建立起来的"关系"，在参与互动中宣传品牌。

层层递进，实现全民营销：消费者既是用户，也是内行，更是"推销员"

"我们生产汽车是为了让您开车，而不是让您刹车"，这是埃托雷·布加迪应付自己的一个顾客所用的骄横话语，因为这位客户竟敢指责他那产自莫尔塞姆非常昂贵的双座车的鼓式制动器（这种制动器只是在某些条件下才能正常运转）。为什么埃托雷·布加迪如此目中无人？因为那是一个卖方市场，全世界的有钱人都排着长队去购买他那用手工制作的珍贵产品，脾气变化无常的女明星们也愿意出高价购买它们。求过于供，消费者得不到应有的尊重，消费者的需求未能被满足，这是卖方市场所具有的特点。

卖方市场还有一个重要的特点就是生产者是上帝，生产什么物品，消费者就用什么物品，消费者能得到商品已经算是不错了，更别提满足消费者的需求。但是随着经济的发展，商品生产呈爆破式发展，我们进入买方市场，最主要的特点便是商品供过于求，顾客变成了上帝，那些寻找顾客的生产者，就会成功；那些回避顾客的生产者，就会失败。这就要求生产者的生产经营活动必须以顾客的欲望和要求为导向，就像前面我们所提到的，消费者已经从注重产品本身转变为注重使用时的感受，对个性化的产品和服务的需求越来越高，现在的消费者不只是简单的用户，而且还是内行。

作为销售企业，我们一定要看到这一点，生产者必须马上发现顾客的那些明显的或隐藏的欲望，并迅速将其转变成一种战略竞争优势，通俗地讲，顾客希望获得一个可以接受的性价比。在云商时代，竞争愈发的激烈，所谓得民心者得天下，只有充分利用云商平台，整合各方面资源，才能为消费者提供性价比很高的产品；也只有这样，我们才能满足消费者越来越个性化的需求。

满足消费者需求也只是初始阶段，因为只有满足消费者的需求，才能勾起他们的购买欲望，最终达成交易；而且只有他们对你的产品充分认可，才能成为你的忠实客户。有关调查发现，由熟人劝说、推荐而购买商品的人，比起看广告、自己看中满意而购买的人要多得多，尤其是汽车、房子这样的大件消费，这个论断屡试不爽。另一项调查显示，企业60%的新客户来自现有客户的推荐。可见，忠诚消费者不但为企业贡献利润，把自己"搭"进去，还把身边的亲朋好友都"赔"进去。因此，作为企业要推行全面营销，加大对忠诚客户的投资，让这些消费者成为你的义务推销员。

日本沙丽普公司，专门销售美国圣斯塔公司的美发护发专用品。沙丽普公司在制定推销策略的时候，并没有投入过多的广告和宣传，而是制定利好于美容美发店的各种政策，为的是受到首批客户的好评，这些美容美发店一旦确定使用这种护发品后，那么每一个进店的顾客也就随之成为这种化妆品的消费者。由于是这些消费者的推荐，其他消费者对这款护发品也必然产生不凡的好感。通过运用这种营销策略，沙丽普公司获得了空前的成功。

云商时代，我们对待消费者的态度也是如此，完全可以让消费者通过我们的平台进入企业，包括企业管理、产品设计、企业文化塑造和最后的销售环节。有的专家甚至还预言，忠诚客户往往还是首推产品的"试验田"，通过产品体验，如果发现产品不尽如人意，由于忠诚客户对于企业的了解和信任，最终也会帮助企业打造更完善、更能满足消费者需求的产品。

所以，我们得出结论：云商时代的资源整合，不只是企业内部的资源整合，也不只是同行业或不同行业的资源整合，还需要特别针对消费者，尤其是忠诚用户的资源进行充分整合。

案例：国际最佳旅游联盟

为了进一步拓展入境游客源市场，实施整合营销战略，实现"打造价值洼地、构建服务高地"的战略目标，一个联合了18个国家和地区的24家知名品牌旅行社、10家国际品牌酒店、13个优秀景区、4家国际航空公司以及中国国内15个城市旅游行政管理部门的庞大的组织——"国际最佳旅游联盟"，于2010年4月4日正式在都江堰挂牌营业。

在2009年，成都市通过整合其域内旅游资源，比如景区、旅游车公司、酒店、餐饮、购物等，组建了成都市的"最佳旅游联盟"，并通过发行熊猫卡这一创意开展最佳旅游服务。在当时，通过这种举措，国内旅游市场得到了迅速恢复发展，全市国内旅游接待人数和国内旅游收入均超过震前水平。此次成立的"国际最佳旅游联盟"更是以营销精品旅游线路产品为核心，目标是形成大产业、大市场、大旅游的发展格局，最终实现资源共享、市场共育、客源互送、利益共享、服务最佳的目标。

"国际最佳旅游联盟"实施共同营销策略，致力于打造最佳旅游服务品牌。"国际最佳旅游联盟"又分为三个部分的联盟，分别是旅行社联盟，城市联盟，航空公司、旅游景区、酒店联盟。其中的城市联盟，盟员单位将建立协调合作机制，联合营销开拓旅游市场。具体做法是以旅游线路为纽带，整合各自资源优势，突出特色，整体打造联盟旅游形象，共同设计开发精品旅游线路，形成能够吸引境外不同客源群体需求的旅游产品体系，每年共同制订境外旅游市场推广计划。

另外，"国际最佳旅游联盟"成立后，将搭建旅游信息共享平台，实现盟员间旅游咨询战资源共享，并针对盟员城市开展旅游服务咨询活动；还将建立盟员共享的旅游招商项目库，为境外旅游投资者提供旅游投资的权威信息，引导鼓励投资者独立或联合开发市场内的旅游项目，提高3~5年的培育发展，力争将"国际最佳旅游联盟"打造成为国内最佳、国际知名的国际旅游管理平台和营销组织。

"国际最佳旅游联盟"的对外营销采取了重要举措，百万张熊猫金卡于2014年5月发送。鉴于此前成都市"最佳旅游联盟"发送熊猫卡良好的营销效果，这次针对境外游客发放100万张熊猫卡。根据计划，将由政府牵头制作一本旅游的杂志，熊猫金卡将附在杂志里面赠送给游客。杂志的内容主要是各盟员单位的信息，其中包括中国西部旅游信息，比如有哪些最好的旅游产品以及持卡旅客可以享受的优惠等。此卡的优惠政策的确让旅客感到兴奋，持卡的境外游客除了到金沙遗址博物馆、青城山—都江堰景区、峨眉山—乐山大佛景区这些西南景区享受门票折扣优惠外，到西安华清池景区、桂林独秀峰—王城景区、甘肃嘉峪关景区、贵阳南江大峡谷等国内景区也有优惠。这种熊猫金卡主要在境外发放，目的是刺激入境旅游的恢复，这就是借助境外的资源，开发境外市场。

"国际最佳旅游联盟"的经营策略，不仅方便了中国旅游景点开发国际市场，而且可以通过"国际最佳旅游联盟"的平台，去认识国外旅游最佳景点线路、酒店等信息，促进国内出境游不断增多。

第四章 云商经济下的商务发展趋势
——对传统商业生态的革命性颠覆

不知道从什么时候开始，我们总感觉传统商务即将被电子商务彻底地瓦解，现在的商业巨头也将会重新洗牌。特别是最近阿里巴巴在美国纽约上市更坚定了我们这种想法，马云将会拥有近200亿美元的个人资产，比现在国内首富——万达集团董事长王健林的个人资产还要多出很多。换句话说，马云将会成为新一任的"首富"。其实这不仅仅是新旧首富的交替，而更像是电子商务和传统商务的转换，放在10年前谁都不敢想象，这看不到、摸不着的电子商务竟能够超越真金白银的传统商务，而这一切如今已经成为事实。

电子商务这两年的确异常凶猛地发展，使传统商务遇到不小的冲击。有业内人士甚至大胆预计，传统商务步入"寒冬"。而事实也印证了传统零售业的不景气，线下零售业寒意十足，尤其是最近一两年，格外明显。

时值2012年岁末，正是百货市场红火的时候，北京王府井洋华堂劲松店在此时却以"调整经营结构"为由停止营业。无独有偶，卜蜂莲花也宣布关闭北京草桥店。又譬如2012年7月汽车销售量没有达到预估水平，运动服装企业李宁公司在2012年上半年关闭了1200家门店；连锁百货公司百盛商业集团的单店销售额增幅不到2011年同期的1/4，国美电器上市后首次出现亏损，上半年净亏5亿元；2011年9月，太平洋百货宣布，因无法应对上涨的租金，其位于北京三里屯黄金地段的太平洋百货盈科店正式关张；同年，上海第一百货淮海店关门停业；位于四川北路南段的春天百货商场关闭；等等。

这些曾经辉煌一时的百货店之所以选择悲情离场，导火索就是电子商务的巨大冲击。当然除了电子商务冲击这一外在因素之外，过高的成本费用、异地扩张受阻等内在因素，都让这些处于"寒冬"的传统商务雪上加霜。

需要说明的是，此次我们将传统商务的范畴仅限定在百货零售业，是因为与其他传统商务相比，百货零售业是电子商务冲击的重灾区。整个百货零售行业的营收增速在放缓，而电子商务在强势崛起，蚕食原属于传统百货零售业的市场份额。

据Wind数据显示，2012年前三个季度，百货零售行业营业收入率为8.21%，而2011年同期这一数据为20.56%，2010年为18.57%。跟往年相比，这一行业2012年的收入增速已经下降了10个百分点。净利润增长率的下滑则更严重。2012年前三个季度，百货零售业的净利润增长率为5.45%，但在2011年和2010年同期，该增长率分别为32.55%和33.13%。上述数据显示，中国传统商务正在衰退，并将慢慢地步入"寒冬"。

传统商务的危机，的确让诸多的传统企业感到焦虑，又或者是它们还没有做好迎接第三次工业革命的准备，也就是传统商务和电子商务的融合。到那时，一切产业都将与互联网相关联，无论是用户信息服务层面还是内部业务流程方面，都能看到互联网的踪迹。

虽然"三十年河东，三十年河西"这句古话一直不断应验，但是笔者坚信，电子商务的"逆袭"只是暂时的，浪潮退去后，传统商务价值终将回归。至于电子商务、传统商务未来谁会领先，谁又会变成下一个首富，得看中国互联网的垄断格局是否会一直持续，如果一直持续，且传统经济格局不变，那依旧会是互联网称霸。

打败传统商务的趋势是什么？

"双十一"电商大战不是热闹而是宣言，打败传统商务不是天猫而是趋势。对此，马云认为："天猫购物狂欢节将是中国经济转型的一个信号，也就是新经济、新营销模式战对传统营销模式的大战，让所有制造业贸易商们知道，今天形势变了。对于传统行业来讲，这个大战可能已经展开。"他强调，新的营销方式方法、新的商业流程、新的商业生态系统，对于传统商业生态系统将会开展一次革命性的颠覆，"目前的情况是对于传统商业生态系统的一次革命性的颠覆，所以就像狮子吃掉森林里的羊，不是恨羊，而是生态的规律，游戏已经开始，就像电话机、传真机会取代大批信件一样，这是必然趋势。狮子也会倒下，新经济站起来的时候到了。"

传统商务面临寒冬，电子商务成为传统商务发展的必然趋势，在电子商务的冲击下，传统门店在慢慢萎缩，一些传统企业甚至选择关门停业，笔者想在这里告诫传统企业家们，传统商务是迎来了寒冬，但电子商务也并不可怕，它不是洪水猛兽，也不是颠覆我们的力量，而是完善传统商务业务的助手。当然，假如一成不变，的确会有可能被电子商务颠覆，但是只要传统商务去拥抱互联网带来的变化，相信结果将会有所变化，至少在没有新的商务模式之前，你过往的竞争壁垒还是你的壁垒。

随着互联网技术的普及，尤其是云计算技术的应用，大多数传统企业目前已经竞相涉足电子商务领域，并且这股潮流未来还将随着市场发展而带来更为蓬勃的发展势头。换句话说，传统商务进军电子商务领域，在未来或将成为衡量传统商务能否赢得第二生命的标杆。

为什么打败传统商务的趋势是电子商务，或者说为什么传统商务必须要和电子商务相融合才是发展之道呢？有以下四个方面的原因：

第一，随着市场经济的发展，消费者导向型经济已经形成，传统企业很容易就会碰到不同需求的用户，这时，大量的突发性事件便会让传统企业无法应对，比如客户需要定制化产品，再比如在大规模的采购单或是产品的仓储和物流处理过程中，传统企业遵循的陈旧方式只能给客户带来无尽的麻烦。而如果传统企业采用电子商务模式，那么终端客户只需要按需下单，便可第一时间完成整个交易过程的信息处理。

第二，传统企业应当进军电子商务，还有助于解决自身在资金、效益和地域式业务拓展等方面的问题。电子商务最大的优点就是便捷而且价廉，据了解，传统企业的经营成本上，来自各种实体经营的成本占据了大部分空间，在这个期间中会产生多个环节，从而大大增加了成本，这些大批量成本的支出对于一些传统企业而言，将会对企业长久发展产生一定的影响。而如果采用电子商务架构模式的话，则能帮助传统企业节约大量的资金成本，同时还能相应地拓展企业业务范围，并且采用电子商务模式还将带来经营效率的提升，使得企业获得更多商机与发展活力。

第三，涉及传统商务的营销问题，淘宝网有个广告词"没人逛街，并不代表没人购物"，随着人们生活节奏的加快，逛街成为一种奢侈，在互联网的普及下，线上购物成为人们的一种消费习惯，传统企业对此很难展开营销，就算可以也很难找到精准客户，也就很难建立忠诚客户；再加上线上购物不但便捷而且商品便宜，这样便极大地吸引现代社会的消费主流。对此，传统商务也要做出改革，传统企业可以对消费者的大数据信息收集，从而打造个性产品，满足他们的需求。

第四，传统企业进军电子商务，也意味着企业本身与信息化模式发展相关联，对推进企业全面信息化有着积极的意义。

传统商务的局限性：耗费多、成本高、效率低

传统商务起源于史前，在我们的祖先对日常生活进行分工之后，商务活动就开始了，最开始出现的是物物交换，随着货币的出现，商人以货币为媒介进行交换。但是商务活动的原理并没有发生改变，就是一方创造出有价值的物品和服务，另一方需要这些物品和服务，时至今日，也是如此。

传统商务中卖方的第一工作就是对产品进行设计、生产和加工，然后通过广而告之或者是口碑相传，发布自己产品的信息，若有顾客需要该产品，就会到相应的零售商那里去购买，付清货款，完成交易，售后卖家还会提供相应的售后服务，使顾客的满意度得到满足。买方则根据自己的需求，请教朋友、浏览广告、向企业咨询，通过面谈、电话或者邮件的方式，洽谈产品的质量、价格等，双方达成交易意向，当面付款，交易完成。

在传统模式下，商务活动往往采取的是面对面交易或纸面交易的方式来进行，无论是柜台售货、开架自选，还是订货会、洽谈会等，以及在保险、

海关、财政和金融等服务业、行政管理中，都是以直接或间接的物理交换或物理接触来完成业务交易。通俗地讲，传统商务条件下，你要想买件衣服，买双鞋子，必须要到商场去试穿或试戴，然后现金购买；另外一种方式是按照样品订购货物、签订合同、交付首款、按合同规定交货、付清尾款的顺序交易。无论是面对面交易，还是通过信函、传真等纸面方式交易，都是一种物理方式，这是传统商务的特征。

传统商务的这一特征决定了交易活动大部分依靠面对面及书面文档传递，具有信息不完善、耗费时间长、成本高、库存和产品的积压和生产周期长、客户服务有限等局限性。

传统商务的主体一般都是借助传统的手段，以货币和纸币为媒介，以面对面交易为特征，同时借助单据交易，在交易进行的过程中会产生各种费用，比如人员费用、广告费用、各种文件处理费用、库存成本、店铺成本等。这些费用累加起来导致交易费用较高，而且由于买卖双方的参与，各种文件处理需要较多的时间，从而导致交易效率的低下。不仅如此，由于传统交易还反映在交易活动和交易市场的地域性。由于交易手段的限制，交易活动只能在相应的地区内展开，尽管跨区域交易也存在，但不是主流，而且交易过程的不透明，很容易导致各种费用、税款的处理出现问题。

传统商务交易过程又突出地反映为专业化市场格局，这一方面受制于生产制造过程的专业化，因为传统的设计、制造设备和技术，以及市场范围限制了企业的生产经营活动不可能有太多的灵活性。另一个方面就是价格偏高，这是传统商务"间接"的流转机制导致的。企业生产出来的产品，都会经过一系列的中间商，呈金字塔的形式，最终到达用户手中。这么多的环节，也增加了相应的物流、运输、存储费用，加上各个中间商都要获取资金的利润，这也就造成了商品的出厂价与零售价有很大的差距。

我们对传统商务模式与电子商务模式进行比较，会发现有许多不同之处。如表4-1所示：

表4-1　传统商务模式与电子商务模式出票方式的比较

出票方式	传统商务模式	电商模式
出票时间	出票约3分钟，旺季时间更长。游客告诉售票员购票票种及其数量，然后交钱，售票员需核实人民币真伪，假币退还，真币清点门票并找零，最后出票	出票约25秒钟，旺季可减轻售票员工作强度。游客提供订单号及有效证件给售票员，输入订单号及证件号验证，出票无误
出票统计	因大部分游客随团旅游，金额多，统计时间长，不能有效统计数据	系统可随时统计某段出票量和金额
资金安全	售票员统计当天各票类数量和金额，交钱存银行，银行回单财务，大量金额放在售票厅需售票员自己去银行交钱以及钱要售票员经手，存在一定的风险	操作员不会和钱直接接触，资金直接到账
账务管理	与银行来往业务频繁、繁琐，管理困难，浪费大量时间	直接通知网上银行操作，保障了安全，节约时间
数据统计及分析	没有系统记录票务及酒店历史数据，查询任何数据需要翻阅历史文件及报表，汇总、统计都有困难，且手工统计容易出错	为景区业务单位积累经营的第一手真实数据，可通过历史数据对其统计、分析、预测，得出报表和各类图表，为公司营销提供数据依据
游客人数估算和来源分析	景区对次日游客人数无法做出合理判断，对客户来源地也无数据分析	通过电子商务售票后，提前预知未来一天游客数量及游客，便于管理部门制定合理的营销政策，同时票面防伪度更高，管理更先进

正如表4-1所述，传统商务有这么多的局限性，是不是说在云商时代，一定会被完全摒弃呢？回答是否定的。

2008年笔者去过一次鼎好，当时鼎好已经成长为中关村最好的电子卖场。2014 年 3 月，笔者又去了一次鼎好，本以为在电子商务的冲击下，像鼎好、海龙、e 世界这样的电子大卖场一定是生意凋零，门可罗雀，但是当笔者来到商场的时候，那里还是人山人海，往来购买电子产品的顾客络绎不绝，好不热闹，甚至感觉有几个地方比 2008 年的时候更有人气、更加火爆。

这到底是为什么呢？主要原因是，在电子商务大行其道的今天，传统商务反而也实现了快速增长，在互联网普及之前，用户不敢轻易地去线下购买某种产品，但随着互联网的普及，用户在购买某种产品之前先会去各大网站"做足功课"，有了"详细的情报"才来到线下电子商城购买。

或许人们又发出疑问了，既然用户通过线上对产品进行了解，促成线上交易岂不是很方便？其实不然，线上交易也存在特有的问题：第一，诚信问题；第二，顾客无法直接接触商品；第三，不能立即收到所购买的商品；第四，支付问题；第五，很多人尤其是年纪大的人对电子商务还不够熟悉或无法接受。这些是电子商务的劣势，同时又是新型传统商务的优势所在。

资源整合最大化：只有善于利用资源，才能实现利益最大化

在餐饮行业流传着这样一则笑话，讲的是一位外国人在中国吃饭的事情：

一位外国人来到北京最繁华的地段王府井大街，在这条街上并排着两家餐厅，一家是装修精致得"离谱"的西式餐厅，另一家则是古色古香价格亲

民的中式餐厅。这位外国人来到中式餐厅，向服务员点了一盘香草牛扒，但是服务员听错了，端来一盘牛排。

外国人指出后服务员就将上错的牛排端走了，这个外国人很好奇，问服务员怎么处理，服务员耸耸肩轻松地说，加点萝卜雕花什么的，送到旁边的西式餐厅。

原来，这两家定位截然不同的餐厅，共用一个厨房，食材原料都是一样的。

这个"冷笑话"暗藏着这样一个道理：企业要想获得利益就需要资源整合。这里不但包括行业内的整合，也包括产业外的整合。

营销大师杰·亚布拉罕说过："假如只留下一个策略用来经营下半生，那就是资源整合。"企业利益的最大化，取决于企业是否善于利用资源，简单地说，分析自己拥有什么、缺少什么，把拥有的资源利益最大化，把缺少的资源用已有的资源去交换或者以低成本买回来；把已有的资源与别人共享，把多赚的钱分点给合作伙伴。说到底，资源整合就是借力，善用彼此资源，创造共同利益。

曾经听过朋友的一个有趣的比喻，他说资源整合是现代商战中的"原子弹"，如果运用好这个核武器便可以产生百分之百甚至百分之几千的能量，这也是资源整合与其他企业经营策略的最显著区别。

蒙牛的牛根生是资源整合的高手，蒙牛的发家是资源整合利益最大化的最好例证。当年蒙牛从伊利分出来时，注册资金只有1350万元，在全国乳制品的排名是第1116位，蒙牛没有品牌、没有乳制品厂、没有销路甚至还没有奶源，那么我们看看牛根生是怎么做的。

蒙牛先进行投资广告，广告语是这么说的："甘做内蒙古乳制品老二，向老大哥伊利学习。"当时伊利是名副其实的乳制品老大,没人敢说自己是老二,而牛根生说自己是老二,这就提升了蒙牛的品牌,人们想老大很厉害,老二也应该差不到哪里去。

牛根生又在哈尔滨找到一家快要倒闭的乳制品厂,因为这家工厂管理、技术有问题,所以质量上不去,牛根生就将从伊利带来的管理模式给了这个厂子,还派去了六位从伊利出来的技术人员。

厂子有了,但是奶源是个问题,牛根生就发出来"一家一头老奶牛,老婆孩子热炕头"的呼吁,同时又和内蒙古政府搞了一个农村扶贫项目,联合了农村合作银行,农民想致富就要养奶牛,没钱可以到与蒙牛合作的银行贷款,蒙牛给农民做担保。就这样,内蒙古很快有 300 万农民给蒙牛养牛。当时没有奶站,蒙牛又找到一些手中有些资金的人,说服他们投资奶站,蒙牛给予技术支持。这样品牌、厂子、奶源、奶站都不是蒙牛的,但是都为蒙牛所用,蒙牛就这样建起了自己的全套系统,效益紧逼伊利。

再比如,中国的美容化妆行业,一直以来竞争都是十分激烈,而且创新很快就被同行所模仿。于是有一家美容店就开始研究,他们发现这些做美容的女人,平时最喜欢出入蛋糕房、SPA、瑜伽、厨艺学校等场所,于是,建立了一个"女儿国",让这些女性喜欢出入的地方的商品都整合在一起。来这里的女性不但可以美容还可以买衣服、做 SPA、做瑜伽,女人的消费习惯就是就地消费,而不是因为一个地方的业务好或服务好,就一直到这个地方。而这个"女儿国"建起了一个商圈,专业为女性服务,也就自然成为女性消费者的聚集地,别人也不可能很容易地复制。

这方面的例子实在太多,最后我们不得不提到"民族英雄"李书福。李书福为何能实现"蚯蚓"吞"大象"的伟业?吉利只是中国三流品牌,沃尔沃是世界一流的品牌，简单地并购，后果必然不堪设想。李书福首先和大庆合作，成立一家股份公司，吉利占34％；其次和上海的一家公司合作，吉利占45％，这两家公司再成立一家公司，吉利便占了大股，后来就是这家公司并购沃尔沃的。

所以，我们得出这样的结论，小企业是折腾出来的，大企业是整合出来的！整合不是你吃了我你就能变大，也不是我吃了你你就会变小，而是双方互相拥有。就像我们刚才提到的例子，西式餐厅和中式餐厅的店内装修，给人的感觉可以完全不同，但是，它们的厨房差别就不大，虽然有些夸张，但是说明一个道理就是：整合不仅仅是项目整合，产品的价值链都可以整合，从设计开始可以整合客户、整合客户的资源、整合品牌、整合人脉等。

云商经济条件下的新型传统商务，就像是蒙牛、"女儿国"、吉利那样，整合一切对他们有利的资源，为他们所用，不只是线下的，也可以是线上的；不只是产业链上的，也可以是产业链外的。现代经济环境下，不在乎你缺少什么，在乎的是你是否有整合的意识、整合的能力，因为云商经济圈为你提供了足够的平台，你可以整合所有的资源。

正如新东方教育科技集团执行总裁陈向东所说的："一家企业要想最大化地获益或者发展，它就要能够更加容易地得到全球性的资源，能够把各种生态要素比较容易地得到。"而在云商经济这个大环境下，这一切其实都可以变得很简单。

资源交换与资源互补：唯有互补
合作，才能实现共赢

幼儿园里发生了这样的一幕：

幼儿园的小恒家里很有钱，所以在小伙伴中，他的玩具最多，然而，大家一起玩的时候，他总是不开心，于是幼教老师问他为什么闷闷不乐："你有这么多玩具，你不应该是玩得最开心的吗？"

小恒回答："也正是因为我的玩具最多，别人没有玩具就会抢我的玩具，虽然我还有玩具玩，但是他们没有玩具给我玩，所以不开心。"

幼教老师又问他："你认为在小伙伴中，哪个才是你真正的朋友？"

小恒回答："有一个，他叫小琪，因为他从来不抢我的玩具，而且还时常拿出自己的玩具，和我交换着玩。"

从幼儿园起，我们选择朋友的原则就是相互交换，这是资源交换最初始的阶段，因为唯有资源交换和互补，才能实现共赢。而云商经济下的新型传统商务，一个最大的特点便是资源交换与资源互补。

首先是企业内部资源高效配置，协同工作，这不仅可以实现部门、项目间的优势互补，而且可以使原来的资源增值，实现价值创造。

同一个企业内部，尤其是集团型企业，如果资源整合得好，可以使得信息通畅、资源共享，有利于节约成本、提高效率、增强企业竞争力。但是，复杂的生产工艺、海量的信息和多变的内外部环境，往往让企业不知道如何去整合企业的内部资源，实现共享，有没有好的方法让企业摆脱这种困境呢？要想整合企业的内部资源，就要界定企业内部资源包含的内容，找到阻碍其共享的问题所在，在正确理念的指导下进行适合企业本身的软硬件建设，进行必要的研发，同时制定保证系统良好运营实施的措施，尤其是 IT 系统的应用效果可以最大限度地促进管理方法的改革和组织的变革。

比如燕京啤酒集团采用的 IT 系统 MES 是实现资源共享最好的实例。我们都知道啤酒酿造系统是一个大跨度系统，从麦芽糖化、酒花煮沸、发酵、灌酒到装箱出厂，需历经 30 多道工序，花费近一个月的时间。对于如此复杂的生产过程，如果采用人工对大数据进行收集和整理，显然工程量太大，但是采用 MES 系统不但可以提升啤酒酿造过程的控制质量和运行质量，还可以实现经营管理与生产的紧密结合。燕京啤酒集团 ERP 推广应用在 MES 的支撑下，可以充分利用上下级系统的资源。因为 MES 系统是流程综合自动化系统 ERP/MES/PCS 框架结构中的关键层，向上可以连接 ERP，向下可以连接 PCS。生产管理使用 MES，使各种资源按计划所规定的流程、时间和地点进行合理配置和管理。尤其是生产控制系统，通过 MES 集成平台，就可以对应用系统进行集成并提供一致的共享信息，避免因为不同的厂商提供信息，造成企业新的信息"孤岛"。此外，MES 还是该集团精细生产、品牌质量管理和啤酒产业发展的需要。

其次是企业间的资源交换和共享。随着 IT 技术的快速发展，大量企业正迅速转向全球性商务，用云技术的方式把遍布全球的客户与供应商联系起来，这种联系不只是企业与投资商、客户、供应商、销售商之间仅仅局限于围绕着业务应用本身的联系，而是被延伸到企业之间各种经济资源的共享，相互努力提供最快捷的信息传递服务。具体表现为，供应商通过互联网了解企业的采购要求，拟订自己的生产计划、采购计划和发货计划，双方运转得就像一个公司一样。

另外，专业化是市场竞争的必然选择，是企业形成核心竞争力的根本途径。跻身于世界500强的企业，绝大多数为专业化营销公司。专业化要求把主要资源集中于具有战略意义的领域或环节，准确把握竞争力市场定位，而将其余部分以签约方式外包给专业化合作伙伴。随着现代产业链的不断延伸和扩张，即使是世界500强企业，也不能一手遮天，只能选择最能发挥自身所长的某些甚至某个环节，有所为、有所不为，做好、做强、做大，而其余部分则加以外包，借助外力强化转化能力。世界500强企业的成功得益于战略外包。世界500强企业性非异也，善假于物也！

简单地说，企业不论多强大，都不可能拥有全部的资源，要想使自己拥有足够的资源，就需要整合上下游产业链或者是其他行业的资源，为己所用，当然整合资源最好的方法，就是刚才我们所提到的像小恒和小琪那样的方法，相互交换，这样才能使得双方都有"玩具"。在云商经济下，由于平台的打造和IT系统的应用，不论是企业内部的还是外部的资源，交换起来更加便利，当然，还是那句话：交换才会形成互补，最终达到共赢。

做一个健康的"混血儿"：云商务与传统商务有效融合

前面我们对传统商务以及云商务都做了分析，传统商务和云商务的有效融合是商务发展的必由之路。

传统商务模式受到电子商务的影响也在不断得到扩充和演变，已经发展为 B2B、C2C、B2C 三大领域的彼此交汇和融合。商家和消费者也从中获得更大的选择权，但是，随之而来的是同样庞大的信息量，大量同质同类的产品或服务需要进行大量的筛选工作。除此之外，客户所获取的信息往往是不全面和不直观的，一些优质的产品或服务很难在大量的信息中脱颖而出，也很难被注意和被取得。这就需要企业花费大量的金钱和时间对信息进行筛选，反而效率不高。

另外，传统商务还诞生了一种新的商务合作形式——转包，甚至出现"转包、再转包"的情况，这就导致客户手中的资金被转包商层层盘剥，最终完成服务的服务商的利润空间也被压缩，服务的质量也随之缩水。

云商务是现代商务领域变革的一次尝试和创新。它在一定意义上恰好弥补了传统商务在信息"爆炸"的电子商务时代中的缺陷，在提高专业分工的同时实现效率与价值的双赢。依照前面我们提到"云概念"的定义，云商务能够为企业提供其需要的所有服务，供客户使用和租用，这样客户只需要在使用时支付少量"租金"即可租用这些服务，从而节省了其在自建团队方面的资金，同时确保了服务的专业性和质量。

通俗地讲，比如某个企业需要某项商务活动，只需要在"云商务"提出相应的需求，支付一定的金额，"云商务"就会自动为其分配合适的服务提供商来完成客户所需要的服务，或"云商务"整合多个服务商，以满足企业复杂的需求。在这个过程中，最主要的是避免传统商务因为"转包"带来的利润压缩和信息不对称等问题。

综上所述，可知随着互联网的普及，尤其是移动互联网的普及，云计算将无处不在，所有生产和消费活动，都会以云计算应用为基本背影，但不是说所有的云商凭借其天然的优势都能够成功，前面我们也提到过传统商务也有其自身的优势，所以传统商务和云商务有意或无意、主动或被动地联合在一起，如果传统商务和云商务不能融合，无异于"空中楼阁"，最后避免不了成为"死站"的结局，所以，只有它们之间健康的融合才是发展的大趋势。

云商企业需要主动融合，为消费者提供优质的亲身体验，这样才能立足。云商要从销售经济向体验经济转化，得消费者得天下，为消费者提供充分体验才是王道。其方式主要有以下三种：

一是立异体验模式。喜新厌旧是人的本性，陈旧的商务活动也自然让人生厌。所以，就需要出现新的商务技术和模式，比如团购、按月订购模式、社交购物、私人定制购物等，这些新的形势不仅满足消费者个性化需求而且满足消费者体验。

价格战是商战最基本的形式，但是认为只要提供给消费者低价就一定能获胜，这是悖论，企业最根本的价值是盈利，由于现在商品同质化越来越严重，价格差别不会太大，所以，要想在价格上做文章，一味地降低价格不是正途。C2B 反向定价，给了我们很好的思维突破，比如商家让用户定价，商家选择是否接受，接受就能成交，这种模式也可以推行到产销逆转上，消费者可以在云商预定商品，预付一定的费用，企业提供定制服务，这样不但可以使消费者得到中意的产品，也可以使得商家的生产不再盲目，且降低成本压力。

二是加强物流、信息流的顺畅。传统商务的优势除了能给消费者亲身体验，随买随走，还不用担心物流速度慢和物流中损坏。这一点，云商务要有所加强，不但要求成交迅速，而且物流送达也要快，还要保证商品的安全，在退货的时候，也需要及时跟进，快递覆盖的面积要广，力争做到支持货到付款和上门退款。信息流要利用云计算与大数据的技术优势，基于大数据挖掘消费者的需求并体系化、智能化地满足这些需求。

三是创业可以在周边产业大施拳脚。说到融合，我们不得不提的一个与传统商务及云商务不同，却又与二者密切相关的产业群，那就是为其服务的周边产业，其前途广阔，大有可为。这类产业主要是在云商周围，提升用户体验的产业市场。它们专注于云商中的某一垂直环节，较为专业，帮助云商企业提升用户体验，增加流量和转化率，甚至可以满足云商企业的服务外包，如站内智能搜索、比价搜索、电商代运营、网店装潢等。

总之，也只有将云商务和传统商务完美融合，发挥各自的优势，最后建成云商经济下的传统商务，才是大势所趋，未来商务发展的方向。

立体式经营渠道：多样化开发市场，让传统商务与在线商务齐头并进

在线商务和传统商务的问题我们说了很多，在线商务发展的速度如此惊人，我们脑海里不禁会出现在线商务干掉传统商务的场景。但是事实真的是这样吗？综观当今商界，淘宝、京东、易购每年的交易额在逐年攀升，但同时，国美、鼎好、E世界的销售额也丝毫没有下滑的趋势，再比如服装行业，凡客、好乐买大卖特卖，而传统的美特斯邦威、李宁近年来也是发展得非常

迅猛。

这说明什么问题？在线商务不但没有"搞死"传统商务，反而两者都在齐头并进地发展着，这矛盾吗？其实这一点都不矛盾，恰恰是未来商务发展的趋势。

在本章开头，我们就简单地对在线商务和传统商务的优势和劣势进行了分析。的确，发展了几千年的传统商务要想一下子被迫倒掉，就算是线上商务有"逆天"的优势也不容易做到。按照资源整合的理论，两者就应该优势共享、资源互补，这样才是发展之道，而如何使传统商务和在线商务齐头并进，是目前商务亟须解决的问题。

那么，传统商务究竟如何应对线上商务的"逼宫"？

首先，线上商务既不能被当作小事，也不能被看作是洪水猛兽，而是要把它看作逐渐成长的一个全新的、强大的业态。作为全新的业态，线上商务不仅在一定程度上改变了人类的生活方式，也动摇了具有百年历史的传统商务模式，这就要求传统商务模式，顺应商业发展趋势，不能袖手旁观、无动于衷，也不要等着大势已去之后，再扼腕叹息。线上商务会不断地冲击传统商务，从而迫使其反思以及发生变革。要心动并行动，在线上商务进程中迅速占据重要的地位，从中取得发展并获利。

其次，传统实体零售商要主动应对，自我超越，自己革自己的命，要宁可付出一些代价也要抓紧尝试电子商务，进行科学有效的尝试，积累经验。品牌生产商有"危"也有"机"，面对商业变革应转"危"为"机"。很多新型品牌通过线上通道迅速成长为具有竞争力的品牌，对原品牌商来说是品牌竞争之"危"，当然机会与威胁并存，线上商务为品牌商提供了超过在百货时代其不够竞争的品牌的机会。比如在饮料行业中，很多品牌在百货时代没有变革，而逐渐消失，而娃哈哈却跟进了市场发展步伐，从而成功地成为国际品牌，在云商时代更是如此，跟得上商业变革的就是"机"，跟不上的就是"危"。

短期内，在线商务的发展也存在一些制约因素，中国人民的物质生活水平还不能完全满足电子商务发展的需求，如互联网还不够普及，上网费用高；网速还不够快；最突出的问题就是物流，比如在北京买到一个20元的东西，它的运费却要远远超越商品本身的价格。此外，物流网络的不完善导致速度慢，急用物品到达的时间出现问题，而且物流中的暴力检件，还会导致商品的损害等问题，还有网络支付的安全问题。但是，我们相信这些问题在不久的将来都不是多大的问题，电子商务还是应该被重视的。

传统商务也只有和线上商务精诚合作，才是传统企业发展的正途，国美电器的O2O模式，首先进行了大胆的尝试，并取得不错的效果。

国美电器作为传统零售业当之无愧的大佬之一，早在2004年就涉足线上业务，经过近10年的发展，线上商务已经成为整个销售渠道的一个重要方面。据国美电器商务部的人员透露，2010年国美电器30亿元的收入中，线上商务收入将近4000万元，而且这个比例还在逐年攀升，国美电器的线上商城与实体店相比，在价格、质量、售后服务方面都是同步进行的，有时，实体店和网上商城针对各自面对的群体，在促销活动上有差异。线上商城主要是给客户提供便捷，但如果客户发现实体店和线上商城促销价格有差距时，国美工作人员将推荐给客户最便宜的一种，以此实现线上商城与实体店的互补性。国美销售人员说："这种做法可以让实体店的客户不因有了线上商城而减少。线上商城可以覆盖上网的整个群体，而实体店的客户群只能是附近居民。"

传统商务和线上商务应该齐头并进，这也是云商经济下新型传统商务的必然选择，我们只有发挥线上信息的便利性和线下消费者体验性的优势，开发多样化的市场，才能打造有足够竞争力的企业，才能与国际品牌相抗衡。

控制成本："发家致富"的根本

传统商务要想在云商经济下实现变革与发展，首先应该控制成本。

19世纪50年代，美国钢铁大王安德鲁·卡耐基在美国最大的铁路公司宾夕法尼亚公司工作，在当时，成本会计制正好在这里实行。成本会计制能保持准确的记录，以便在经营、投资及人事等方面做出决策，同时核算成本耗费和收入情况，以便判明是否盈利。那个时候安德鲁·卡耐基就认识到这一方法是做生意的一条最基本的要诀，于是在这里工作的七年中，他学习并熟练掌握了成本核算知识。

安德鲁·卡耐基在以后从事钢铁业时，成本会计的知识得到充分的应用，他也因此获得了不菲的利润。比如在生产中，他灵活地运用会计成本知识，处处以最低成本衡量，他的工厂生产第一吨钢的成本是56美元，到1990年时降为11.5美元（当年的年利润为4000万美元）。这一切都归功于他"密切注意成本，就不用担心利润"的经营哲学。

企业是以盈利为目的的经济实体，追求的是经济利益的最大化，这是企业永恒的主题。企业要想在取得竞争优势的同时获得利润，最终的落脚点都是在成本的有效控制上，美国汽车企业高管李·艾柯卡曾在他的自传中这样写道："多挣钱的方法只有两个：不是多卖，就是降低管理费。"

但是传统的成本控制存在一定的局限性，认为成本控制就是控制产品的生产成本，企业的成本控制范围只限于生产耗费的活动，因而成本控制的模式单一，成本控制也只限于防护性控制和反馈性控制。这种成本控制思想落后，急需改进发展，除了生产者成本管理，我们还需要重视产前、产后成本及作业成本和成本效益的核算与管理。

具体来说，首先，我们通常只重视生产过程中的成本管理。但是，如果产品在设计阶段，设计本身不合理、不科学，诸如存在功能不足或功能过剩，都将造成成本的先天缺陷，给生产过程的成本管理带来困难。

其次，成本管理要重视成本效益的管理。传统的成本管理往往是把成本的升降作为评价成本管理好坏的标准，但事实往往并非这么简单。一个产品有它的寿命周期，一般要经过孕育阶段，成长、成熟阶段，衰退阶段等，在不同的阶段，产品的推销方式又有所不同，产品的生产工艺也不同，成本也就会有差异，且形成"两头高、中间低"的态势。因此，成本的管理还应以资源的耗费是否对顾客发生价值增值作为评价的标准。

最后，传统的成本管理不重视供应过程及销售过程的成本核算。成本管理对于与产品生产有密切关系的材料物资供应以及为推销产品而发生的作业费用注意较少，而且核算较为简单。在实际中，有些企业往往是供应过程和销售过程的作用所引起的成本之和远远大于产品在生产过程中的成本。因此，企业还要对产品供应过程和销售过程的成本足够重视。

面对传统企业成本管理诸多的弊端和缺陷，为提高云商经济下传统企业的成本控制能力，我们需要遵循三项原则。如表 4 - 2 所示：

表4-2 企业成本控制的原则

原则	说明
全面介入原则	对产品生产的全部费用要加以控制,而且要发动全体员工建立成本意识,参与成本的控制,认识控制成本的重要性。对固定费用进行控制时,要对产品的设计、制造、销售过程进行控制,并将控制的成果在有关报表上加以反映
经济效益原则	提高经济效益,要实现相对节约,以较少的消耗,取得较多的成果
例外管理原则	实际发生的费用往往与预算有出入,如发生的差异不大,只要把注意力集中在非正常的例外事项上就可以了,并及时进行信息反馈

传统商务最大的劣势就是价格要比电子商务高得多,但是如果企业注重对企业产品的成本管理,也自然能生产出质高、品优、物美、价廉的产品,增强企业的竞争力。

管理大师彼得·德鲁克在《永恒的成本控制》一书中曾经说过:"去掉10磅的重量比事先不增加它要困难得多,所以有效的成本控制应该做到'预防为主,治疗为辅'。"台塑大王王永庆深谙此道,并且控制成本的本身。他曾说过:"经营管理,成本分析,要追根究底,分析到最后一点,我们台塑就靠这一点吃饭。"

有一次,王永庆开会讨论南亚人做的一个塑料椅子。报告人把每个项目的成本分析都列出来,合计550元。听到这里,王永庆问道:"椅垫用的PVC泡棉1公斤56元,品质和其他的比较起来怎么样?价格贵还是便宜?有没有竞争的条件?"

报告人说不知道。王永庆又问:"这PVC泡棉用什么做的?"

报告人回答:"用废料,1公斤40元。"

王永庆又问:"那么大量做的话,废料来源有没有问题呢?"

报告人又说不知道。王永庆再次问:"卖给南亚人裁剪组合,在裁剪后收回来的塑料废料1公斤多少钱呢?"

报告人回答："20元。"

王永庆又说："那么成本1公斤只能算20元，不能算40元。使塑料发泡的发泡机用什么样的？什么技术？原料多少？工资多少？消耗能不能控制？能不能使工资合理化？生产效率能不能再提高？"

然而，这些问题报告人都不知道。

这么多调查没有做，在王永庆看来，肯定是不行的。所以王永庆一再强调，要谋求成本的有效降低，无论如何必须分析在影响成本各种因素中最本质的东西，一一列举出来检讨，这样才能建立一个确实标准的成本。

我们也要学习王永庆的这种精神，从一点一滴做起，从而达到降低成本的理想目标。

提升速度：速度即一切，快慢定成败

我想每个人都听过这样一个故事：

两个猎人在森林里打猎，突然发现远处有一头熊向他们奔来，一个猎人拔腿就跑，而另一个猎人却坐在地上换运动鞋，先跑的那个猎人很奇怪地说："你换鞋干什么？穿上运动鞋你就有可能跑得过熊吗？"

换鞋的那个猎人边换鞋边说："我只要比你跑得快就可以了。"

对企业来说也是一样的，面对瞬息万变的市场，成败往往就在于一个"快"字。李嘉诚就曾经说过："我之所以有今天的成就，就是因为我做每件事情，都比我的竞争对手快一步。"

云商时代是一个"高速"的时代，企业间的竞争已经不仅仅是靠规模取胜，更是靠"速度"取胜。这里的速度，我们也可以理解为"顾客响应度"，就是为满足顾客需求而采取的行动。事实上，速度正主宰着越来越多的企业兴衰，拥有了速度就自然可以立于不败之地。

在速度上，美国的公司抢先一步。全世界做快递最成功的公司都是美国人开的，世界三大快递公司分别是：美国联邦快递（FedEx）、美国联合包裹（UPS）、美国敦豪速递（DHL）。此外，麦当劳、肯德基、必胜客之所以能迅速在中国市场上占有一席之地，看看中国餐馆的出菜速度，你就自然明白了。这就是速度之争！

事实证明，"速度"对于企业来说，和企业拥有多少资源，拥有多少人才同样重要。拥有速度，除了刚才我们提到的可以满足消费者的需求外，更重要的一点是企业面对市场突发事件，能迅速反应、及时处理，就可以把事情朝着有利于自己的方向发展，又能把对手远远地甩在身后。

麦当劳在速度上确实下了不少的功夫，他们的口号是：60 秒钟之内，如果客户没有拿到自己的餐点，那么就可以免费得到一杯饮料。

有人就曾经跑到麦当劳点餐，试图测试一下，第一次去 50 秒，餐点就出来了，第二天，这个人又来到这家麦当劳，没想到 45 秒餐点就出来了。于是他对服务员抱怨："真可惜，来两次都没有喝到免费的饮料。"

那位服务员微微一笑说道："先生别气馁，下次也许能喝到。"

其实麦当劳敢挂 60 秒出餐的牌子，不知道做出了多少的努力，这其中包括科学的工序和工人的熟练程度，保证能让顾客在 60 秒之内拿到食物。

企业要提升速度，需要有自己优秀的企业文化。在企业发展过程中，金钱会消失，权力会被分散，制度会被重定，企业家会老去，可是有一样东西，永远不会随着人的意志而改变，反而会随着时间的推移，对企业作用越来越大，这就是企业文化。企业文化好比建筑的地基，地基正确且牢固，企业才能屹立不倒，不论建多高，也不会有轰然倒塌的那一天。

中国医药领域一颗当之无愧的"亮星"——海正集团，是我们一直看好的企业，走进海正集团，你会发现这里的员工有一个共同的特征——快：走路快、讲话快、做事快……"快一步"俨然已经成为他们长久的工作态度。据他们的员工说，他们的技术创新理念就是"快一步海阔天空"。

20世纪70年代，海正花了9万元购买了一种治疗前列腺的新药成果进行生产，从而开了国内上门买技术的先河。之后，海正又从上海买断了阿霉素实验室成果，经过三年的产业化开发成功投产，填补了国内空白。国家医药管理部门宣布海正结束我国抗肿瘤药长期依赖进口的历史。

海正在研发上舍得超前投入，对科研单位中有市场前景的半成熟或初期研究成果给予经费支持。阿佛菌素就是海正与上海农药研究所合作的成果，1994年实现产业化，在国际兽药市场上占有率达到40%。

全球医药前十强中的辉瑞、默克、诺华、阿期捷利等跨国公司争相与海正"攀亲"。

就在2005年8月，全球十强医药企业——美国礼来公司与海正在北京签署《抗多重耐药性结核病药专利技术转让协议》，并且是无偿转让。有专家评论，美国礼来将专利技术免费转让给中国公司，是新中国成立以来的第一例。

海正集团在国内医药领域拥有多个殊荣：FDA、COS认证产品国内最多，国内最大的抗生素抗肿瘤药物生产企业，国内唯一一家抗多重耐药性结核病药物生产企业，还创造了中国企业界的"海正奇迹"——连续50年无亏损……获得这么多殊荣，关键在于海正的"快一步"理念。

笔者不禁想起了俄国著名文学家列夫·托尔斯泰的一句话："幸福的人大体相似，不幸的人各有各的不幸。"借用他的话，笔者说："成功的企业大体相似，不成功的企业各有各的原因。"就像是海正集团和麦当劳等成功企业的共同点，那就是他们都知道速度即一切，快慢定成败。

减少层级：层级少才能效率高

有没有见过大象躺着睡觉呢？没有，大象都是站着睡觉的，这到底是为什么呢？因为大象的体积过于庞大，它根本就无法躺着睡觉，因为如果它躺着睡觉，那么它就无法站起来了。

这对于企业也是一个警示。如果一家企业规模过于庞大，也会出现运作不利的现象。当然，这里并不是说企业一定不能规模大，而是说企业的层级不应该多，层级过多的金字塔结构必然导致信息传达逐层递减，最顶层的意志经过众多中间管理层的解读，再传达到最底层的员工，由于中间层较多，就会导致传达到的意图偏离原来的意愿。另外，因为结构层次多，各种审批流程冗杂耗时，跨部门合作等行为会加剧这种混乱。

过去很多企业组织是典型的"金字塔"模式。美国公司和日本公司都拥有众多的中间管理人员，经济较发达的美国公司更胜一筹，例如丰田公司从董事会主席到一线主管之间只有 5 层管理，而福特汽车公司却超过了 15 层。美国的电话与电报公司从决策层到操作层竟然有惊人的 93 层之多。"金字塔"的组织结构也被认为是当时比较实用的模式，在"金字塔"的顶端，是企业的总裁，然后是中间管理层，底层则是从事生产制造、销售服务的广大员工。这种组织优点是结构严谨、等级森严、分工明确、便于监控等。

但是随着科技的发展，云商经济时代到来，经济全球化进程的加快和市场竞争的加剧，尤其是众多 IT 系统运用到企业组织管理当中，众多的中间管理就逐渐暴露了其劣势，这种组织结构的弊端也在日益暴露。上文也简单地提到，除此之外，企业效率当然也不会高，而且还很容易形成官僚主义；由于管理层次多必然要导致机构臃肿、员工膨胀，员工膨胀必然要造成管理水平上升；人浮于事，又必然要带来扯皮现象增多和管理效率低下；等等。

中国有句俗语叫"穷则思变"，走不通或走得不顺，就要进行改革，而且还要看到，现代企业经营的地理范围、产品范围扩大，形成跨地区、跨国界的经营，向全世界发展。这样一来"金字塔"型的管理组织结构就难以适应现代动态环境和经营的变化，必须寻找新的组织结构形式，"扁平化"的组织结构形成势在必行。

对于企业内部而言，决策的层次应该越来越少，这样才能见效，因此，公众参与成为大势所趋。也就是说，企业管理权应从集中走向分散，从这一点讲企业的组织结构也应从"金字塔"型转向"扁平化"。"扁平化"组织结构减少管理层次，形成同一层次的管理组织之间相互平等，横向联系密切，就像一道道河流组成大江大海那样形成横向体系。

一般而言，最佳的管理方式是一个领导者管理 8～20 个下属，这样领导者可以充分了解下属的工作细节和个人成长，就算是公司扩大，也要保持最佳的"二八原则"，这就要求划分出更多的管理层次。

通用电气公司（GE）的管理机构曾经被韦尔奇描述为一块经过精心制作

的有很多层级的婚礼蛋糕，随着它的不断发展，这个蛋糕变得越来越大。1985 年，韦尔奇不得不开始了被经济学家熊·彼特称为"创造性毁灭"的组织结构改革。

当韦尔奇接任首席执行官后，他见识到了 GE 庞大的官僚制度。公司有500 多名高级管理人员、100 多名副总裁，还有大约 2.5 万名管理人员。韦尔奇觉得这些层级正在扼杀公司，于是开始拆除官僚制度，为此就必须减少管理层级，他称："每个层级都是坏事。"他不仅消灭了众多的管理层级，而且还拆除了公司内部部门（利于营销与生产）之间的壁垒。

韦尔奇将 GE 的管理层级从 29 个减少到 6 个。当韦尔奇完成这些改革之后，整个 GE 公司看起来就像平放在地上的四轮马车，更确切地说像一辆跑车，最高管理层在中央，其余的管理层向周围放射，就像车轮的轮辐。这样一来，企业内部的信息流通非常便利，GE 也像一辆跑车一样，迅速地前进。

从韦尔奇关于精简层级的经验教训可见扁平化组织机构的优势所在。结合韦尔奇的管理经验可以总结出以下三条：

一是限定组织中的层级数量。韦尔奇觉得，一家组织的层级不应超过五级，而且还是在大型公司中。如果公司层级很多，那么其中很可能存在着很多不必要的官僚制度。

二是炒掉战略规划员。精简层级的宗旨一部分在于将决策权交到那些经营通用电气公司下属企业的管理人员手中。这是确保组织灵活、敏捷的唯一途径。

三是将精简层级视作学习和自我实现的先决条件。在层层审批制度下不堪重负的组织中，创意难以传播。如果不精简层级，通用电气公司就不会有足够"开放"的心态来构建学习型文化，而如果没有无边界的学习型文化，韦尔奇也就无法在全公司范围内实施他最重要的"六西格玛"计划。

案例：海尔的网络革命和基因革命

　　网络时代的到来，企业如何发展，是一个崭新而迫切的问题。作为全球"白电"（白色家电，即可以替代人们家务劳动的电器产品）第一品牌的传统企业——海尔，也看到了这种大趋势。为了应对这一趋势，海尔从1999年4月就开始了三个方向的转移：一是管理方向的转移，从直线智能性组织结构向业务流程再造的市场链转移；二是市场方向的转移，从国内市场向国外市场的转移；三是产业的转移，从制造业向服务业的转移。这些都为海尔打造新型传统企业奠定了必要的基础。

　　海尔新型传统商务的特点可以用"两个加速"来概括。一是加速信息的增值。无论何时何地，只要点击www.ehaier.com，海尔就可以瞬间为用户提供一个"E＋T＞T"的惊喜，E代表电子手段，T代表传统业务，而E＋T＞T，就是指传统业务加上电子技术手段强于传统业务。二是加速与全球用户的零距离，无论何时何地，www.ehaier.com都会给用户提供在线设计的平台，用户可以实现自我设计的梦想。

　　海尔力争做到传统商务与电子商务的融合，但是正因为与众不同的电子商务模式让其魅力四射。

　　海尔主要通过电子商务手段更进一步增强海尔在家电领域的竞争优势，不靠提高服务费取得盈利，而是提升在B2B的交易量和B2C的个性化需求方面的创新。可以看这样几个例子：

北京的用户李先生是一名画家，家里的各种摆设也非常富有艺术气息，他最近想买一台冰箱，可是逛了很多家商城，那种千篇一律的样式，完全达不到他的需求，他想要一台既是艺术品又很实用的冰箱。李先生正在一筹莫展的时候，偶尔登录海尔的网站，看到"用户定制"的模块，随即设计了一款自己的冰箱，他的杰作经过海尔的审查，觉得可行，很快就得到海尔的回音，一周内把货送到。

小姚是安徽人，常年在北京工作，无法陪伴在父母身边，不能照顾父母是他最遗憾的事情，最近母亲打电话说家里的冰箱坏了，准备去商场买一台，但是母亲年纪大了，很不方便。很快，小姚在得知海尔是国内同行中第一家做电子商务的企业后，兴冲冲地在网上下了订单。小姚的老家在农村，交通很不方便，但没想到母亲当天晚上就打来电话，说冰箱已经送到，而且送货人员还帮忙搬运到二楼，实在太方便了！从此以后，小姚只要买家电，再也不用辛苦地逛商场，还要痛苦地货比三家了，在海尔的网站上购买，一切都是那么的便捷。

海尔是国内大型企业中第一家打造新型传统商务的企业，它的目的并不是为了概念和题材的操作，而是要进入一体化的世界经济，为此海尔累计投资 1 亿多元建立了自己的 IT 支持平台，为自己服务。

目前，在集团有内部网、ERP 的后台支持系统。海尔现在有七个工业园区，各地还有工贸公司和工厂，相互之间的信息传递，没有内部网络的支持是不可以想象的。各种信息系统，比如物料管理系统、分销管理系统、电话中心、C3P 系统等的应用也日益深入。海尔以企业内部网络、企业内部信息系统为基础，以互联网，外部网为窗口，从 1996 年底起就建立了自己的网站，建起了真正的电子商务平台。当然这些还需要经销商和消费者接受，才能顺利实现，也只有这样，企业和业务伙伴才能共同发展和成长。

海尔的这种新型传统商务模式必然成为一种趋势，通过海尔也许我们就可以找到传统商务企业摆脱困境的发展道路。

第五章　云商经济下的电子商务的发展趋势

——线上线下有效互动是关键

"天猫双十一"、"淘宝双十二"、"易购4·18"等连续的疯狂价格战，是业界对近年来电商行业的印象。尤其是号称"史上最为惨烈"的"8·15电商大战"，更给我们留下深刻的印象。

2012年8月14日，京东商城CEO刘强东在微博上宣称："京东大家电三年内零毛利！如果三年内，任何采购人员在大家电加上哪怕一元的毛利，都将立即遭到辞退！从今天起，京东所有大家电保证比国美、苏宁连锁店便宜至少10%以上。"

京东之"剑"扑面而来，苏宁、国美纷纷迎战。苏宁易购执行副总裁李斌首先在微博回应："从（2012年）8月15日上午9时起，苏宁易购包括家电在内的所有产品价格必然低于京东，任何网友发现苏宁易购价格高于京东，我们都会即时调价，并给予已经购买反馈者两倍差价赔付。"国美电器的官方微博则更直接："废话不多说，2012年8月15日9点钟起，国美电器电子商城全线商品价格比京东商城低5%。"

2012年8月14日的夜晚注定是个不眠之夜，暴风雨即将来临，然而，这场大战刚一开锣，立即就让人失望，有网友吐槽："亲，苏宁非常卡，京东各种缺货，打什么呀，回去睡了！"

价格战，就是切切实实地"祭"出比竞争对手更低的价格来，其手段可以是恶性的，目的是用真金白银即便是赔钱也要将竞争对手打垮，实现自己的市场目标。其实这种你死我活的电商大战在电商界上演过，这一时期被称为电子商务的蛮荒时代，而随着这一时代的渐行渐远，电子商务大战丝毫没有停息，但是现在的电商价格战失去了原来的味道，各种伎俩运用得出神入化，轰轰烈烈的价格促销仅仅起到了博眼球和做噱头的作用，让消费者抱怨的同时，也透支了电子商务企业的信誉。

价格战虽然在短期内为电商企业聚集了较高的人气和订单，例如，2012年"双十一"期间，天猫淘宝共完成了191亿元的销售神话，同比增长达260%。尽管"某某电商销售几亿几亿"的数据满天飞，但问一问身边真正全程参与的朋友，得到的回答绝大多数是"瞎忙一场"。

电商企业对价格战乐此不疲的原因背后是什么？电商价格战究竟会给企业带来什么？消费者是否真正能从中得到实惠？电商行业未来发展如何？这一连串的问题不禁让我们对电子商务的困境有所深思。

电子商务价格战的原因是多方面的：其一，它是传统商务粗放经营的传统流通模式的延续；其二，它是为了争夺市场份额；其三，它是为了加大企业宣传，提高企业影响力。

首先我们来看一组数据，传统商务销售额占总销售额95%以上，而电子商务则还不到5%；2010年社会消费品零售总额15.45万亿元，而B2C数据只有1.040亿元，占比只有0.7%；京东商城的全部销售额仅仅为100亿元，占家电销售市场的份额不到1%。这一系列的数据或许能给乐此不疲的电商价格战一种新的解释：占大份额的传统商务还没有摆脱以做大为追求、以价格战为手段、以粗放经营为特色的传统流通模式，那么只占小份额的电子商务自然要围绕打价格战来运转。

电子商务虽然发展十分迅猛，但是起步较晚，除了一些新型的电子商务平台，许多传统行业也纷纷加入其中，由于当前的 B2C 市场仍处于初级发展阶段，特征之一就是电商企业为争夺市场份额而激烈角逐。要想生存就必须以做大为目标，这就需要电子商务企业在风险投资的支持下，不惜人力、物力促销等手段大手笔投入，力求做大，因此价格战也就无法避免。

提高企业影响力是刘强东发起"8·15 电商大战"的原因所在，让"大促"变成一场闹剧，京东商城也名声大噪。现在，电商行业形成群雄逐鹿的现象，网购网站上产品相似程度较高且服务水平差异不大，产品的同质化程度较高，这就需要提高电子商务企业的知名度和影响力，大打价格战可以增加其知名度；还因为现在电子商务中，口碑是影响消费者消费的主要因素，有口碑就会有销量，网购用户的可选范围较广，网购的透明性较高，利于比价，而且网购群体普遍偏好低价商品，低价则有利于其形成口碑，最后导致企业大打价格战。

电商价格战究竟会给企业带来什么？价格战除了为电子商务企业争夺市场份额，加大企业宣传，提高企业竞争力做出一定贡献之外，但更多的是给其带来不利的影响。

首先，过度竞争影响市场秩序，造成一定程度上的社会资源浪费。

价格机制是市场机制的核心。价格应随着市场供求关系的变化而变化，价格对优化资源配置发挥着信息引导和利益驱动的作用。有人讲，价格战可以比作是市场的兴奋剂，如果少量服用，可以促进血液循环，用于市场可促进行情激增、整体消费。但长期服用，会演变为恶性竞争，那么整个行业就会受到伤害。

其次，价格战使价值与价格严重扭曲，加大了供应商的生产负担。

生产成本是决定价格的主要因素和最低经济界限，但是一旦发生价格战，就往往会出现价格无视成本的高地，超出企业承受能力，自然会出现无利甚至亏损，导致积累微弱，后续发展乏力。尤其是电子商务价格战虽然也使供应商短期销售量上升，但从长远来看，必然会导致企业毛利率的降低，如果降价增加的销售额不能弥补毛利额的下降，进而不能覆盖固定成本的开支，企业盈利必然大幅度缩减甚至亏损或倒闭，严重影响企业效益和行业长期利润。

最后，过度的价格战将影响消费者对电商企业的忠诚度。

京东商城发起的"8·15电商大战"，吸引了大批的消费者，但是开锣不久，就出现服务器宕机、网页崩溃、缺货等现象。尤其后来，网友得知是京东商城故意炒作，让消费者大失所望，无疑损害了企业的信誉和形象，极大地降低了消费者的忠诚度。

实际上，在价格战背后，是电商企业采购、储备、供应链、物流配送、支付等综合实力的全面较量。随着网购模式的成熟，价格战或将逐渐向"价值战"转变，从商品价格、商品质量、物流快递、售后服务等全方位提升用户体验，扩大市场份额，营造一个公平、合理的竞争局面。

从云商经济圈发现生意：优中选优，赢在起跑线

在任何一个时代，即使是那些非热门也非高科技的领域，有些企业也一

定能够取得成功，这其中最重要的就是经营有前景，有竞争力、与众不同的产品，赢在起跑线上。

很多传统商务企业面对产品同质化越来越严重的现象，显得无计可施，不知所措。这会让企业陷入一场压低价格的竞争，这是一场非常残酷的竞争，因为这意味着企业要努力压低成本，但是很多时候，压低成本造成的后果往往是两败俱伤。要想赢得市场竞争，唯一的方式就是采用新的方法增加商品的附加值，使自己的产品与众不同，但是通过创新不断增加产品的附加值，往往不是这么简单，人们还是在迷茫中苦苦搜寻。

我们再来看另外一个大背景。随着科学技术的不断发展以及经济全球化的不断深入，激烈的竞争正在导致市场不断分裂，尤其是云商的出现加剧了这种分裂趋势，市场主导地位正从企业主导转为消费者主导，个性化消费逐渐成为主流，未来的细分市场必将更加以消费个体为核心，这无疑为个性新产品的开发提供了广阔的发展空间。因此，加强产品开发，以创新的、个性化的产品才能取得竞争的优势，赢在起跑线上。

鉴于此，企业要想获得竞争的优势就必须充分利用自身的资源以及整合外部的资源，进行新产品的开发，从而降低产品开发的成本和风险，并有利于企业竞争优势的建立和长期的稳定。

云商时代的到来，随着云商经济圈的打造，市场经济规则在世界范围内被广泛接受。受惠于云技术的广泛运用，交通和信息技术的巨大进步，云商得以在世界范围内寻找战略资源以满足其趋利性动机，形成全球化产业网络。云商本身与其他云商，以及不同地区和不同产业，都被卷入云商经济圈的网络内。在这个网络内，云商不仅将自身的业务扩展到全球的各个角落，而且它可以利用全球各地人力、智力和财力资源为自身加油助力。尤其是现在的竞争早已经不是单个企业之间的竞争，而是产业链之间的竞争，只有在云商经济圈内，云商之间精密合作，方有竞争力。

这种竞争力主要表现在产品上，不同的云商本身有不同的优势，当自身的优势与其他云商的优势相遇之后，可以不断开发出使消费者满意的产品，开发的速度也会加快，当然，开发者所承担的风险也会平均降低。

美国电子产品制造商与日本电子产品制造商相比，更重视与其他企业合作开发新产品，像苹果公司都有几个或者几十个关系密切的零部件供应商，彼此共享合作计划甚至财务与人员调动安排，而日本电子产品制造商更强调独立性，主要依赖自身的力量来进行产品开发。近年来无论是在日本本土还是在其他地区，日本电子制造商由于产品脱离消费者需求而举步维艰，而美国电子产品制造商则成长迅速，学术界认为，这其中的主要原因是美日电子产品制造商不同的产品开发模式。

云商经济圈是一个广阔的、快捷的云商互动平台，无论大中型还是小型企业，很容易就可以通过这个平台找到合作伙伴，利用共同的资源优势，通过技术和创新的手段，提高新产品的开发效率和开发质量；也只有产品的与众不同，才能满足消费者主导型经济下的消费者个性化的需求。

从贸易商发展为制造商：让追求价格变为追求价值

《华尔街日报》曾经刊发了一篇赞扬韩国水原市公厕的文章，水原市的"新概念"公厕也使他们自己备感自豪，并将其作为一道独特的风景供游人参观。这种"新概念公厕"修建在形如传统韩国亭子的木质斜屋顶的建筑内，里边的设施很齐全，有加热的马桶座圈、感应式水龙头、为残疾人士特设的滑动门，以及太阳能热水器，厕所内还回荡着悠扬的小提琴声、韩国宫廷音乐或录自大自然的叽叽喳喳的飞鸟声，墙壁四周悬挂着韩国乡村风光的小画作，陈设和设施都有花束装饰。

有人可能会认为，不就是一个厕所嘛，经久耐用和干净整洁就够了。是的，尽管这被视为厕所的最高价值所在，但在体验的过程中，也只有那些创新才能实实在在地让人们感受到精神需求上的满足。

价格战是传统的电子商务惯用的伎俩，目的是获取足够的流量和市场份额，但是在竞争日益激烈的今天，采用这种方法很难得到客户，就算是得到客户，也是那种僵尸客户。对很多企业来说，往往20%的忠实客户能带来超过80%的利润，另外80%的僵尸客户带来的是微利或者是无利可图，所以，作为电子商务企业要把有限的资源用于维护那20%的忠诚客户上，是一个非常重要的问题。如何留住那些忠诚客户，就需要像韩国的"新概念"公厕那样，不仅实用更要发挥一切能力，满足其客户价值，客户价值的重要性很早就引起学者的关注。

管理学大师彼得·德鲁克早在1954年就指出，客户购买和消费的绝不是产品，而是价值。被誉为"现代营销学之父"的菲利普·科特勒也说过，营销并不只是向客户兜售产品或服务，而是一门真正为客户创造价值的艺术。

所以，对于企业来说，尤其是新型云商企业，认识客户价值是企业一个非常重要的任务。

我们从两个方面来考虑客户价值：一是企业为客户创造的价值；二是客户为企业创造的价值。两者含义截然相反，前者是客户在消费过程中期望或感知到的产品和服务给自身带来的价值；后者是站在企业的角度来看待客户价值，指的是把客户看作是企业的一项资产，侧重研究客户及客户关系能够给企业带来的价值，其中客户在生命周期内为企业创造的价值。

在云商时代，资本、技术都可以通过这个平台轻松地整合到，其实客户资源也一样，刚才我们讲到，创造客户就是要创造忠诚客户，也就是满足客户的价值。云商间建立亲密的关系，加快了产品开发的时间，并提高了产品开发的质量，又由于有了云商平台的大数据，云商与消费者之间形成了亲密的关系，消费者的需求，尽在云商的掌握之中，这样企业便可以很容易地拥有自己的"粉丝"，从而创造企业价值。

当然，云商还需要采取相应的策略，通过一定的经营管理活动，保有和发展客户资源，提升其价值，从而实现企业整体价值的增值，促进企业的发展。那么，云商经济下提升客户价值的策略，如表5-1所示：

表5-1　云商经济下提升客户价值的策略

策略	实施细则
优质的客户服务	很少有公司不重视产品或服务的价格和质量，但这些还不够，现在客户开始更多地从整体消费体验来评判商家，在提升优质的产品服务的同时，还要让他们从这里获得最佳的购物体验。比如采用云技术等手段，对提供给客户的消费体验做出整体性评估，密切关注竞争对手提供给消费者的产品与服务。有可能的话，提供客户自助服务，绝不能承诺不现实的产品或服务交付时间
个性化对待	我们常常会听到客户这样抱怨：为什么我对他们来说总是感觉无足轻重、无关紧要。每个人都想被当作一个独特的个体，希望获得的是能够满足自己独特需求的个性化服务。要做到这一点，首先企业需要了解客户，云商平台有特定的大数据库，确保企业内部所有与客户有关的部门都能使用这些信息，这样便可以带给客户不一样的感受

续表

策略	实施细则
整合服务	高效的云技术架构可以明确所有的客户联系流程，并从客户利益出发，运用各种技术手段对相关联系流程加以整合。这种技术能够按每一位客户的要求定制产品、服务体验。具体可以根据每一位客户的概括制定销售时机；通过构建独一无二、个性化的客户关系建立客户忠诚；检查整合供应商伙伴的方式方法
简化服务	无论客户通过何种渠道与云商企业接洽，他们都能让客户尽量便利地获取信息、购物、检查交货详情和获得售后服务，客户都能始终如一地为其提供优质的消费体验

　　客户价值的两个方面还存在一定的因果关系。首先，企业为客户提供高质量的产品或服务，满足客户需求，为客户创造价值。客户获得所期望的价值后，他们的满意度和忠诚度就会提高，进而促进客户为企业带来价值。通过为客户创造价值而获得企业价值，就会使企业受到鼓舞，激励企业继续去改善产品和服务，如此便形成了良性循环，形成了客户和企业的双赢。

　　新型的电子商务主不应该是贸易商而应该是制造商，不再是把追求价格获得利润作为企业的根本目的，因为满足客户的需求和价值，客户也自然会满足企业的价值，使企业获得相应的利润，这才是正道。

从制造商升级为品牌商：一件产品就是一个媒体

　　质量是企业的无形资产，是企业开启通往成功大门的钥匙。比如韩国三星集团之所以能够与国际一线品牌相提并论，靠的就是质量。

　　三星总裁李健熙上任的第一件事就是大声疾呼：三星人再也不能有重产

量而轻质量的落后观念，一定要树立质量至上的意识，否则就很难使企业生存下来。

李健熙在还未就任前，曾飞往美国洛杉矶对许多电器商店进行调查，发现虽然三星电器的价格比日本、美国的便宜很多，但还是无人问津。他拿出其他畅销品牌的产品和三星产品做对比，三星产品相形见绌。问三星品牌为什么不受欢迎，答案是设计粗糙、故障率高、售后服务差等。后来，他又发现造成质量低下的根源在于三星内部的原因，过去三星评估下属企业和职工的表现时，65%看产量，而质量最多只占到35%。于是，他大加改革，提出质量与产量的重要性之比应该是9:1，甚至更高。

除了韩国三星外，美国也有这样的例子。

在美国曼哈顿的 Adan 超豪华商店里，一双 Lucehese 牌女靴标价为 1500 美元，简直就是天价。但是如果你知道这一双皮靴是怎么制造出来的，你也许就不会惊讶，或许还会感到很值，Lucehese 女靴的用料极其考究，全部采用 1 岁半左右的小牛的肩胛部分，制作一双靴子要消耗数张整牛皮，而且整个过程全部采用手工缝制，精细无比。

在竞争的全球化越来越明显的时代，虽然产品的竞争表现为品牌的竞争，但是，品牌竞争所依靠的则是产品的内在质量，所以凡是世界上久负盛誉的品牌，它们无不在质量上精益求精，甚至达到苛刻的地步。

企业的产品只有满足消费者的需求，能够得到消费者的信任、认可与接受，并能与消费者建立起密切的关系，才能使标定在该产品上的品牌得以存活。现代企业的质量观念要求更广泛，它是指企业全面管理强调的质量，包括产品质量、服务质量和工作质量等各个方面，这些正是质量策略的主要内容。

好的产品质量就是指能满足顾客需求，从而使顾客感到满意的产品特性。或者说质量意味着无缺陷，没有造成返工、故障、顾客不满意、顾客投资等现象。这里说的质量及品牌产品或服务的质量，质量是满足人们需求的效能。

人人都是消费者，没有哪个消费者不为自己负责，换位思考，好的产品，能满足顾客需求，让顾客能有好的购物体验，这样的产品才是我们需要的，这样的企业才是值得我们信任的，产品质量和服务质量得不到保证，一切都无从谈起。有些企业认为，注重品牌建设和企业文化建设，这些对品牌的打造也很重要，但是要是没有质量做内核，或许品牌的打造就很难见成效，或者说会朝相反方向发展。

产品质量的重要性不言而喻，自古皆然，从没有发生过改变，这是消费者的诉求，也是企业品牌打造，生存发展的需要。同时也有很多企业注重品牌却没有注重产品质量问题，最终难逃"昙花一现"的宿命。

石家庄三鹿集团的前身是 1956 年成立的"幸福乳业生产合作社"，经过几代人的艰苦奋斗，在同行业中创了多项奇迹。2006 年被国际知名杂志《福布斯》评选为"中国顶尖企业百强"乳品行业第一位。2007 年被商务部评为最具市场竞争力品牌。"三鹿"商标被认定为"中国驰名商标"。经中国品牌资产评估中心评定，三鹿品牌价值达 149.07 亿元。就是这样一家有如此多耀眼光环的企业，醉心于规模扩张和销售额的增长，却对直接决定产品生命的产品质量管理失控，三鹿生产的婴幼儿配方奶粉受"三聚氰胺"的严重污染，导致众多婴幼儿患泌尿系统疾病，造成多名婴幼儿死亡。就这样有长达 25 年悠久历史、品牌价值高达近 150 亿元的奶业巨头"三鹿"最终因产品质量问题轰然倒下。

所以，注重产品质量是任何一个时代企业都需要十分注意的，在云商经济时代也是一样，机会与挑战是并存的，在这个时代云商能直接接触客户，同时自己的缺点也最容易暴露给客户，有的时候也许客户比企业更专业，当然，也只有云商把产品质量放在企业发展战略的首要位置，建立健全完善产品质量管理体系，真正落实产品质量安全主体责任制，树立"全员质量意识"。只有这样，企业的发展、消费者的信赖、社会的回报才会形成，也才会真正达到社会效益和经济效益的双丰收，这也是企业终极目标和最高追求！

从线上延伸到线下：线上求发展，线下"插翅膀"

目前又出现了一个新颖的族群——抄码族，看字面解释，抄就是抄写、抄袭，码就是码数，就是一群喜欢逛街，到各大实体商场只试不买，然后记住型号，甚至拍照，回到家中打开电脑，通过网上购物的人。我们常说"科技改变生活"。自打互联网兴起，尤其是云商兴起以来，线上的便利性使得很多传统的生活习惯、购物习惯都发生了改变。抄码族的人数不断地壮大，毕竟谁赚钱都不容易，同样的商品，线上的价格更加便宜，网上购物更加便利，何乐而不为呢？

但是，随着只试不买的抄码族的不断扩大，很多实体商店都成了网上商店试衣间的时候，他们必须重新考虑现有的销售方式，否则在历史的舞台上，最终将失去自己的位置。鉴于此，实体商家多采用的办法也各不相同。

一般的实体商场碰到客人用手机拍照或短信记型号时，会礼貌地制止，有的实体商家则采用遮挡货号、更换货号、商标替换等不是很友好的方式。

有些厂家则加强代理商的管理，严禁在网上销售新款产品，只能销售过季打折商品。他们往往采用"堵"的方式试图制止网购的洪流，但最后的结果是电商的市场份额在不断地提高，而且每年都在呈现上升趋势。换句话说有些商品可以采用这些不友好的方式，还有一些商品根本无法控制。看来要想翻身，我们也只能采用"疏"的方式。与其被动地沦为抄码族的体验店，还不如就直接"革"了自己的命，干脆把自己变成实体体验店，采取线下体验，线上购买的方式，线上线下一起来，双管齐下。

电商此时也需要革命，因为他们遇到的麻烦其实并不比店商少，虚拟的网络让很多消费者"心里没底"，每一次消费就好像一次赌博。随着电子商务的发展，市场竞争也越来越激烈，一方面，一些不法分子也趁机兴风作浪，严重损害了消费者的利益。网购往往会出现商品与消费者预期不符，质量低于预期，甚至极其的恶劣，很容易出现"付款前是上帝，付款后什么都不是"的现象；另一方面，电子商务虽然发展很快，但是物流服务设施跟不上，客户的感受并不是那么便利，尤其是一些紧急需要的东西，还是要到商场购买。

创意工场CEO李开复曾经说过："电子商务和线下商家的日子都不好过，但是我们最终还是会找到解决之道的。"的确，互联网从来不缺少推陈出新的点子，尤其是云计算技术的发展，云商提供了一种购物模式，从网上寻找消费者，再将这些消费者带到现实的商店中，提供线下的商品、服务，这样消费者既可以实实在在地体验到商品和服务，又可以享受互联网在线支付、便捷、低价、货比三家的优势。

云商最基本的解释是通过线上引导流量去线下体验和消费，作为一种新型的商业模式，最早被团购企业提及，在很长的时间里，它甚至被作为团购模式存在。但随着线上线下发展融合度的逐渐提高，云商的存在形式也呈现出多样化的趋势。

一是虚拟超市，特点是假超市真的能购物。日前，被沃尔玛控股的 B2C 商城 1 号店推出新奇的"无限 1 号店"的虚拟线下商店。只要你用手机打开 App 走到指定地点后，在这个空旷的广场中就会神奇地出现一座超市，你只需要走到"货架"旁，点击并查看商品详情，就可以实现购买。通过虚拟超市，我们不但可以充分享受"逛超市"的乐趣，而且可享受一站式购齐、方便实惠、送货上门等电子商务的便捷。

二是逛街签到，特点是真逛街假"领钱"。这与"无限 1 号店"的模式恰恰相反。前段时间刚刚上线的逛街类应用"趣逛"已与京城等多家购物中心及超市卖场达成合作，并已颇得资本青睐。消费者安装此款 App 后，在走进合作商户区域的时候，会自动签到，获得虚拟奖励，并得到个性化的折扣信息或商品推送信息。这种数字化营销模式对提升顾客到店率以及用户黏性有所帮助。

三是 O2O 移动支付，特点是线下买线上花，是购物的 ETC。手机下单、手机支付已经不是什么新鲜事，但是线下购物、线上花钱的"O2O 移动支付"我们还没有见过。今日，支付宝与线下卖场上品折扣共同推出移动支付服务，消费者在商场购物时，只要使用支付宝客户端和手机拍摄商品二维码并完成支付，即可提货，免去往返收银台和排队的辛苦。此前支付宝还推出了"超级收款"业务，主要针对的是小微商家。有支付宝高管表示，移动支付的大市场在线上，而非互联网。

快速积累：完善的运营体系，持续增长自身实力

泰国的东方饭店具有悠久的历史，被公认为世界一流的城市度假酒店，这里几乎天天客满，而且要想入住还需要提前一个月预约。泰国曼谷比起其他很多城市，谈不上发达，东方饭店相对于其他饭店也谈不上设施齐全，可为什么它能创造出如此优秀的业绩，这到底是靠什么呢？

举一个真实的案例：

李先生到泰国出差，下榻到东方饭店，优雅的环境和气氛给他留下了深刻的印象，而且随着时间的推移，入住的几个细节让他很快变成这个饭店的忠实客户。

李先生刚进入这家饭店，只见迎宾小姐面带微笑地走过来，恭敬地说道："李先生，欢迎您来泰国。"

李先生很奇怪："你怎么知道我姓李，我们认识吗？"

迎宾小姐说："您一年前入住过我们的酒店，您刚踏进大门，系统就告诉了我们您的身份信息。"

李先生大吃一惊，他住过无数高级酒店，但是这样的情况还是第一次遇到。

第二天，李先生走进餐厅，服务小姐微笑着问："李先生，你还是要老位置吗？"

李先生很惊讶："我是一年前在这里吃过饭，难道这服务员小姐记性这

么好？"

看着李先生惊讶的表情，那位服务小姐解释道："我查过电脑资料，您在去年的 8 月 8 日在靠近第二个窗口的位子就过餐，吃的是一个三明治、一杯咖啡、一个鸡蛋。"

李先生听后兴奋地说："老位子、老菜单！哈哈！"

后来因为业务的调整，李先生有三年没有去过泰国，当然也没有入住东方饭店。在李先生生日的时候，他突然收到一封来自东方饭店的生日贺卡，里面还附着一封短信。这封短信是用手写的，明显这个书写者不是中国人，书法不怎么好，内容是："亲爱的李先生，您已经三年没有到我们这里来了，我们全体人员都非常想念您，当然，最重要的还是要祝您生日快乐，家人平安。"

李先生当时激动得热泪盈眶，自己的生日也许家人都未必记得，可是相距万里的东方饭店，却时刻记得，他下决心下次再去泰国一定要入住东方饭店，而且还让自己的朋友都要住这个饭店。这封信上面贴了一枚 6 元的邮票，可是这 6 元真的买到了一颗心。

不只是电子商务企业，传统企业也是一样，用户都是必争的资源。最难的也是从第一个用户到第一百个、第一千个、第一万个用户的积累，如果我们能像泰国东方饭店那样拥有如此多的忠实客户，自然就会形成一种良性循环，利用口碑效应带动网站完成运作，但是这种方法可能太过缓慢。

实体店商家客户资源积累的方式，往往是利用销售人员做客户资料登记。凡是进店的客户不管是否消费，都要争取留下他们的联系方式，争取上门拜访或在节假日、生日送上祝福，这样做不仅有利于开发潜在客户，还有利于争取忠诚客户。服务做好了，一个客户的左邻右舍、楼上楼下、亲朋好友，也可能成为你的客户，就算是没有消费的客户也要记下他的联系方式和他的疑问，了解他的需求，力争满足这种需求，传递促销新讯等。

电子商务名片的优点是便利、快捷。实体店商那种收集用户资源的方法，也许是一项繁杂的工作，但是对于电子商务就不这么难。举个最简单的例子，比如我们到淘宝买东西，都会登录自己的淘宝账号，这里面就会有我们的详细信息，比如性别、职业、年龄、爱好，还有我们经常登录的网站、我们近期都有哪些消费等。这对于商家来说都是无比珍贵的资源。

知道这些还不够，我们还应该知道如何积累用户，如何积累如此多的忠实客户资源。中国电子商务研究中心分析师莫岱青说："不论是电商大打价格战，还是团购网站力推特惠商品，无疑都是为了争夺用户。"通过我们前面的论述，这些方法也能吸引一定的用户，但是有很多弊端，还有的企业建造平台吸取流量，但是这些客户数量再多，又有几个能实现企业的价值呢？记住，只有20%的忠实用户，才能制造80%的企业利润，只有像东方饭店那样获得用户的心的企业，才所谓真正完成了用户资源的积累。

其实，我们的目的就是向消费者售卖我们的产品，顾客就是上帝，要想让顾客埋单就需要知道顾客的心思和需求，就像是追女孩一样，你符合她的心意了，而且知道她喜欢什么，能让她开心，才会让她跟你走。同样的道理，要想顾客喜欢，就需要满足顾客的需求，他们自然就会下单，这就需要做好用户体验。

对于云商经济下的电子商务，做到这点其实很容易，网上购物已经融入很多网民的生活，无论是手机充值、缴费、保险、餐饮、美容、书籍、家电，一切都可以通过电子商务实现。云商平台上有海量的用户资源，只要企业用心去整合就可以了，问题是怎么把他们变成自己的忠实客户。通过云计算技术的应用，我们很容易就可以得知用户需求的"点"，给他贴心的服务，主要表现在"三度"，即我们对问题响应的速度更快、服务态度更好、对问题解答的专业程度更高。也许我们无须花那 6 元的邮票钱，就可以很轻松地俘获用户的心。

我们对云商经济下的电子商务积累客户的能力大加赞赏，因为客户永远都是一家企业的供血组织，其实不只如此，电子商务积累满足客户需求的资源最终的目的是俘获客户的心，让他们变成企业的粉丝。

功能整合：充分利用云商经济圈，联合创建商海航母群

俗语说"同行是冤家"，同行业的企业或者不同行业的企业之间的竞争是他们关系的主旋律。电视剧《大染坊》，讲述的是一个从乞丐到国内闻名的工业家的创业史，主人公陈六子，从家庭作坊到开工厂，第一站是青岛。青岛这个地方的染厂很多，但是作为大华竞争的对手只有一家，就是元亨，元亨看不上这个要饭的，想将大华扼杀在萌芽之中，谁知反而被陈六子用商业计策打垮。后来陈六子去了济南，他的对手就变成全国最大的染厂——六合染厂，六合染厂的想法和元亨染厂是一样的，就是想打败陈六子，最后反而被他打败。

同行之间在这种无谓的争斗其实是一种内耗。电视剧的结尾是面对国难当头，国内较大的几家染厂建立合作，他们进的坯布不但价格便宜，而且产

品的质量也是响当当，当然消费者也能买到物美价廉的商品。

借用这个故事我想告诉大家，同行不一定是"冤家"，完全可以换一种思维——通力合作。因为无论一家企业有多强大，就算是世界500强企业，它们总是存在大大小小的不足。比如六合染厂的优势是它们拥有自己的纺织厂，所以坯布、染料的进价便宜，但是技工的技术不行，陈六子的工厂技工技术很高，工人也很卖力，但是入门比较晚，市场份额小，成本比较高。所以一家企业如果能与弥补自己缺陷的企业合作的话，也许这些问题就会迎刃而解；同时，也能用自己的长处去帮助合作者，让双方取长补短，共同发展，最后达到双赢。无论遇到再激烈的竞争、再难做的市场，我想这些都不是问题。

企业间的功能整合具有以下几方面的意义：

一是通过合作可以增加合作各方的利益。这点不必多说，合作各方可以利用合作的整体优势，把蛋糕做大，建立一个综合性的大集团企业，增加竞争力，合作各方自然也能从中获得较多的收益。

二是通过合作可以加快产品的开发和投入市场的进程。市场的竞争越来越激烈，市场的变化也越来越迅速，一家企业研发的产品，很容易就可以被其他的企业所模仿并超越，但是同质化产品又无法取得竞争的优势，所以企业必须要尽快地生产满足市场需求的产品，否则企业就会被市场所淘汰，企业间的合作，除了企业本身努力，再加上合作的努力，便可以加快产品开发的步伐。

三是通过合作可以使合作各方费用共摊，风险共担。现代企业的产品开发、生产、销售等活动越来越复杂，企业花在这方面的费用就会越来越多，就增加了企业经营的风险，一旦决策出现问题，企业将会遭到很大的损失，甚至一蹶不振。通过合作，共同研究开发和经营，费用分摊，风险也分散到各个企业，而且也可以集思广益，降低决策错误程度。

四是通过合作促进资源的合理利用。在经济活动中，资源非常重要，我们力争利用有限的资源，发挥最大的效用，这样才能节约资源，并取得效益。

说了这么多，我们阐述的主要是企业间建立合作，功能整合的重要性。在云商经济条件下也是一样，企业间需要功能的整合，功能的整合又是建立云商经济圈的原因所在。建立了云商经济圈，圈内成员都将是合作伙伴的关系，无论是天南海北，还是地球两侧，通过云端，都将建立亲密的联系，一家企业可以与产业链上下游的企业合作，也可以与不同行业的企业合作，比如电子商务公司，可以与物流公司、保险公司合作，甚至不同的经济圈也可以建立合作的关系。这样就像我们刚才讲的大染坊的故事，三大染厂通力合作，并联合纺织厂、销售行，把"蛋糕"做大，建立足具竞争力的企业，来对抗有日本政府做后台的藤井公司。

只有充分利用云商经济圈，将企业功能进行整合，才能将"蛋糕"做大，而且产品开发能力、满足消费者需求的能力都将变强，这样才能组建"航母群"，在商海中乘风破浪，无往不胜。

角色转化：不和其他电商竞争，在红海中创造蓝海

2010 年初，京东商城 CEO 刘强东就曾预言：电商将迎来行业寒冬，至少有五家大型 B2C 电子商务公司将惨淡收场，同时会有几十家中小 B2C 公司

倒闭。

一语成谶！果然，2012 年的中国电商市场经历了一场大洗牌：团购网、后玛特、品聚网、微棉、淘日本、乐酷天、耀点 100 这些喧嚣一时的电商企业相继倒下，乐淘、邦购、敦煌网、新蛋网，这新一期的死亡名单也被媒体列出，空气中凝聚着恐怖的气味。电商这趟浑水还未看到尽头，大量传统企业也加入战局，最后纷纷"触电"，仓皇逃窜。

在众多企业（不论是电商还是店商）都在为生存与转型焦虑的时候，以 O2O 为着力点的新形态和新机会悄然兴起。所谓 O2O 模式我们前面也讲过，就是将线下的商务和互联网的运作有机地结合在一起，让互联网成为线下交易的平台。O2O 作为一种从工厂到顾客，从线上到办公室的销售模式，据业内人士预计，随着红星美凯龙网上商城、齐家商城的正式试水 O2O 服务，非标准品（满足不同客户个性化需求的商品）正有望成为电商竞争的另一片蓝海。

随着云计算技术的应用，电子商务模式又悄然发生转变。

在过去十年间，影响电子商务发展的问题有三个，分别是信用、支付和物流。但是随着这些问题的解决，未来一段时间的关键因素则是制度、物流和数据。尤其是云计算运用带来的信息科技热点"大数据"。有人预言，未来社会是数据的竞争，谁拥有并深度发掘更多数据，谁就拥有未来。

2012 年 4 月 7 日，网盛生意宝对外发布了"小门户 + 联盟"战略，具体实施该战略的大宗商品数据服务的平台"生意社"于 4 月 8 日正式上线。生意宝还宣布了公司今后承载上述两大战略的"实施计划"，将在现有平台和资源的基础上，打造出"一个综合网、一批行业网、一大批类产业网"。"生意社"下设八个分社，分别为设计能源、化工、橡塑、钢铁、纺织、有色、农副等七个国民经济重要产业领域，覆盖 1000 多个基础原料、8000 多家原材料生产企业和 50000 多家流通企业。2012 年 5 月 25 日，阿里巴巴也宣布推出"数据门户"，并正式启用新域名，阿里巴巴根据 5000 万个中小企业用户的搜索、询单、交易等电商行为进行数据分析和挖掘。

回顾电子商务的发展史，其实就是电子商务的角色在不断转换的过程。

所谓角色转换，对于个人来讲是因社会任务和职业生涯的变迁，从一个角色进入另一角色的过程，其根本的变化是社会权利和义务的变化。在社会生活中，每个人都履行着不同的社会责任，遵循着不同的社会规范，扮演着不同的社会角色。对自己的社会角色认识得越清晰越全面，就越能顺利地实现角色的目标与任务，就越符合社会的期望。对于一个企业也是一样，随着经济的发展它们的社会任务也在悄然发生转变，如果一旦跟不上步伐自然难逃被淘汰的厄运。

电子商务发展初期，虽然发展势头强劲，但是实力较弱，这个时候通过价格战便可以获取客户资源，电商之间是一种内部的竞争，随着经济的发展，传统商业受到威胁，纷纷加入电商的竞争，这个时候用户的体验度成为主流。

这个时候的 O2O、B2C 角色转换还不明显，它们只是侧重点不同，O2O 侧重于服务性的消费，比如餐饮、电影、旅游、健身等，而 B2C 侧重于购物。另外，O2O 的消费者都是到现场获得相关服务的，比如线上买了电影票，要到电影院去消费，B2C 则是坐在家中等待送货上门。O2O 中的库存是"服务"，B2C 中的库存是"商品"。

到了电商时代，角色转换较为明显。电商可以将 B2C、O2O 进行一个融合，建立这样一个经济圈：不必争夺用户资源，真正打造一个行业网、一个综合网、一大批产业网，讲究的是资源的整合，企业间是合作的关系，并达到共赢的效果。

用数据来说话：云商经济下的新型电子商务

"我们信仰上帝。除了上帝，任何人都必须用数据来说话。"这句话在美国流传极广。上帝，是极大、极高、极虚的化身；数据，是至小、至实、至真的逻辑单位，能把两者放在一起讨论，足见大数据对当今时代的作用有多大。

几十年前，"数据"这个词对于我们普通人来说，还是一个相当专业的词汇。时至今日，"数据"已经无孔不入地渗透到我们普通人的生活中。人们在日常生活和工作中收发邮件和短信、录像、拍照、撰写文稿、用计算机绘图及编程，每天都在源源不断地输出大量的数据。企业面临着数据的大规模增长，例如，IDC 最近的报告预测称，到 2020 年，全球数据量将扩大 50 倍。目前，大数据的规模尚是一个不断变化的指标，单一数据集的规模范围从几十 TB 到数 PB 不等。简而言之，存储 1PB 数据将需要两万台配备 50G 硬盘的个人电脑。此外，各种意想不到的来源都能产生数据。

2011 年 6 月，麦肯锡全球研究所（MGI）发布了《大数据·创新、竞争和生产力的下一个前沿》的报告。在报告中，"大数据"的概念得到了清晰阐述，报告中指出，数据已经渗透到每一个行业和业务职能领域，逐渐成为重要的生产因素。人们对于海量数据的运用将预示着新一波生产率增长和消费者盈余浪潮的到来。

近来硅谷有家企业对大数据进行了有限的产业实践，这家企业的主要业务是把移动设备获知的各种数据实时传递到"云"中去，并通过大数据池进行比较、分析、计算，最终反馈到手机终端或其他设备上。这个大数据闭环的形成，对于个人的行为乃至对整个经济和社会都有着丰富的意义。

比如，在我们的日常生活中，针对我们的生理和心理会产生大量的数据，人的一生大概能产生 1000T 的数据量，我们可以穿戴"可佩戴计算"设备，这些设备将忠实地记录我们的衣、食、住、行及状态，并通过无所不在的移动网络，将大量的数据传输到"云"中去。"可佩戴计算"设备可以记录我们的生活，并对我们的习惯进行纠正。

大数据悄然改变着我们的日常生活，与此同时，大数据也给整个产业发展创造了前所未有的机遇，不管是对于制造业还是服务业。大数据在信息化技术革命之时，又将再一次推动产业转型升级，为新的经济发展方式开拓变革契机。

我们的制造业已在向信息化和自动化的方向发展，比如在产品的设计、生产和销售中，越来越多的企业使用计算机辅助设计（CAD）、计算机辅助制造（CAM）等软件，物料需求计划（MRP）、数控机床、传感器等设备，企业资源计划（ERP）等系统。这些信息技术的应用在很大程度上提高了我们的工作效率和产品质量，但是，现在消费者的要求逐渐呈现个性化，这就要求企业提升获取和开拓需求的能力，从而创造出更有价值的商品。

大数据时代，企业管理信息系统中存储的信息，各种工业传感器和数据设备中产生的数据，汇集到一起便形成大数据，从这些方面，我们便可以了解消费者的不同需求，从而打造消费者满意的产品。例如，日本小松公司的挖掘机安装了 GPS 定位系统，在实时监控车辆运行情况的同时，还根据挖掘机每个月的工作时间，统计全年的工作情况，由此判断下一年度的市场需求。

此外，我们还可以在产业链的各个环节中汲取大数据用之不尽的动力：从产品开发、生产和销售的历史大数据中找到创新的源泉。

传统的服务业有着悠久的历史。当大数据时代到来的时候，服务业就衍化出了两种形态：一种是信息技术与服务业相结合的信息服务业，另一种是应用信息技术改造传统服务业而来的服务业。前者包括计算机软件服务、通信服务、信息咨询服务等，后者包括信息化改造后的商业、金融业、旅游业等。大数据恰恰就在这两者之间起到牵线搭桥的作用，一方面它使得信息服务业从提供软硬件技术服务升级到提供智慧解决方案，另一方面它将改变现有的服务业业态模式，将关注点转向数据。

在互联网时代的今天，互换数据应用和服务成为常态。正如《大数据的力量》一书中所言："我们正在感受大数据带来的迎面冲击，技术和需求的双重推动会让越来越多的政府机构、公司企业和个人意识到'数据'是巨大的经济资产，像货币或黄金一样，它将带来全新的创业方向、商业模式和投资机会。"但是如何能进一步认识并应用"数据"，仍有一段路要走，我们如果过度使用这一词汇，盲目赶时髦，对产业发展反而不利。

数据化：未来云商的神经系统

互联网就是"云"，云又由子云体系组成。未来的情景很可能是这样：一些是邮件服务云，一些是企业成本管理云，一些是网站信息服务云等。子云体系的特征是，由大量具有相同需求目的的成员组成、成员的数量可以随意增加或者减少、计算与服务和成员管理是分开的，它们处于一个独立的源，成员从这个源里获得具体的计算与服务。

目前，我们按照云系统服务目的可以分为两个子云系统，一个是供应云，一个是消费云。所谓供应云就是指提供计算能力的成员，成员包括供应商以及他们提供的软硬件设施等，消费云是指使用计算能力的成员，成员包括消费单位以及他们所使用的软硬件设施等。

谈到数据，不得不提到目前最领先的数据管理模式——数据库，它可以把数据进行很好的归类，和非常快速的检索，可以说之前的30年都是数据库的时代。

有人说现在是大数据的时代，又有人说现在是云商时代，我要说现在是数据化的云商时代，随着数据本身的改变，云所带来的作用及云的使用者正在改变云的特征，即将产生一个新的数据化的云商时代，从过去数据库一家独大到新的数据云，会产生新的需求，产生更大、更快的数据，分布更广、更多样的数据，同时这些数据能够为千家万户，为所有的用户提供服务。当然，数据库并不会消失，数据库仍旧有它非常重要的作用，在很长的时间里，数据化始终是未来云商的神经系统。

走进数据化云时代，我们又将进入一个分久必合、合久必分的转型时代。在30年前可以说是群雄混战，有很多的数据库产生，那个时候甲骨文逐渐一家做大，成为业界绝对的领袖，可是到了我们现在这个时代，新一代的技术产生，我们又将进入一个群雄混战的时代，新的为开发者所欢迎的技术已经产生，而这样的技术大多数是以开源技术的形式出现的。所谓开源就是，客户可以以非常低的门槛应用这些技术，不需要很多的初始投资，可以尝试这个新的技术是否满足自己的需求。开源就给"百花齐放"提供了一片"土壤"，看最后到底"哪一朵花"投其所好。

在这里我们有必要对云技术大行其道的原因做一下简单的介绍，是因为云商平台可以利用虚拟技术，通过动态适应，对各类资源根据实际需求进行扩展，对于少数拥有充分资源的巨无霸型企业，也可以寻找建立自己独有的云商平台，实现全部资源的高效率应用整合。在云商平台上，通过 IAAS（基础设施）、PAAS（平台）和 SAAS（软件），云技术将会成为一个"巨无霸"，没有什么战胜不了。云技术所解决的问题，或者是对企业资源实现可配置管理，或者是针对某一成熟的软件流程，直接使用来自专业供应商的软件服务，如博云网 SAAS 软件租赁，最终在实现成本节约的前提下，同时达到企业资源应用的最大化。

与云技术的服务概念相对应，数据化又被称为数据，也就是服务。通俗地讲，通过数据化技术，企业将能够在应用程序、数据仓库、交易数据库、文本数据、互联网及其他数据源之上，建立一个发现并整合所有信息的数据层，在无须创建存储信息备份的环境下，将企业内部及外部的数据"孤岛"进行统一，最后根据深度及广度的需要将一个完整的信息世界展现在我们面前。而整合企业数据的任务，最终将由"数据虚拟化"来完成。

数据虚拟化让中小企业的数据生态蓝图不再遥不可及。无论何时、无论何地，所有无序的数据都将按照期待的方式，在这个虚拟的平台上汇集。"数据虚拟化"也许不过是一个术语，而我们事实上收获的却不是虚拟，而是真实并可靠的企业脉动。

云商平台大数据：信息大爆炸

大数据目前是自云商平台以来最热的概念了。随着社会化媒体的兴起，针对互联网用户数据的分析、营销、挖掘的产品越来越多，大部分是在为企业服务，或者用于进行自身产品推广，比较经典的案例就是美丽说、蘑菇街，而最近走红的"啪啪"更是依靠着新浪微博的用户关系迅速发展用户，每天达到上万的下载量。以上的大数据主要还是来源于 PC 互联网。

随着云商时代的到来，每个人可能拥有不同的终端，从 iPad、手机到其他各种接入到互联网的移动式终端的广泛应用，在移动终端上产生的信息越来越多样化。文本也好，图片也好，语音也好，视频也好，多点信息也好，结构也好，非结构也好，使用频率非常之高。虽然 PC 互联网上目前的数据量肯定比移动互联网更大，但是较之 PC 互联网，对现在的移动互联网来说，数据本身的价值在于更完整和更生动地去描绘了一个互联网用户的生活轨迹。打个比方，在 PC 互联网上我们可以知道，用户可能对什么感兴趣，而到移动互联网时代，我们可以知道用户每分每秒在干什么，因为用户一直在线。

所以，相比 PC 互联网的大数据，移动互联网上的大数据具有以下四个特征：一是数据的核心节点是人而不再是终端、网页或 ID；二是动作更加实时性；三是行为更加碎片化；四是带有地理位置信息。

那么作为生活消费的云商平台，包含着几亿个手机用户、几千万个线下实体商店和线上商户，这么多的用户时刻在产生各种各样的文本、视频、图片、地理位置等各种非结构信息，这么多商户每天在卖出几十亿个商品，产生几千亿元的交易金额。现在，很多企业在利用微博和微信这些微营销渠道进行营销，诸如优惠券、小小互动游戏等。

就拿我自己来说，我每天花在微博上的时间累计起来肯定超过两小时，我会用微博看看好友和同事在讨论些什么，然后看看推荐的好文章，如果我正在享受美食或路过美景，也会很乐意将这份美好进行分享。

云商经济就是科技发展到一定时期才产生的经济形势，云商经济条件下拥有的数据也非常吻合移动互联网大数据的特点。在移动互联网模式下，"二维码＋消费者账号体系＋LBS＋支付＋关系链＋商品碎片化＋渠道碎片化＋业务匹配模式"的云商闭环体系在未来五年内将越来越成熟，并初见规模。在碎片化的时代，产生了碎片化的数据，而这些碎片化数据存在于不同的企业中，因为云商大数据将存在于不同的渠道商、内容商及云商企业中。

想象一下，如果在这个云商大平台上，不同的企业都进行数据开放，将会爆发出多大的能量？创造多大的价值？在云商平台上将如何挖掘大数据的金矿？我个人觉得未来至少有这样几个方向，如表5－2所示：

表5－2　云商平台未来发展方向

发展方向	说明
商品内容发布到更精准的云商平台上	线下商户的商品内容或线上商户的商品内容通过云商平台，可以更精准地发布到不同的渠道中去。比如，一个上海莘庄地区的某美发店刚开业，通过云商平台的推荐，将该款美发服务产品快速发布到搜房网上海莘庄社区的网站；再比如刚入住携程网的某景区，利用平台推荐，快速将该景区门票发布到线下离该景区50千米的加油站线上渠道
渠道更精准的E配商品	线下渠道或线上渠道，无论是传统电商、自媒体的社交网络（微信、微博）都可以利用云商内容匹配分析平台将产品或服务推荐给不同的渠道商

发展方向	说 明
新型的云商客户关系管理	无论是渠道商还是内容商，都可以通过消费者使用业务（本质是内容和渠道匹配关系）的情况对不同层次的 CRM 客户群分类。比如，同样是加油卡业务，对于加油卡的内容提供商（某石化公司）来说，可能卡车司机是他们的 VIP 客户；而对于加油卡的渠道提供商（电商网站）来说，可能 30 ~ 40 岁的有车一族是他们的 VIP 客户
自媒体应用	随着自媒体营销方式的应用，用户为生活而消费的个性化需求不断提高，各种基于图片、文字、声音、视频的应用将会层出不穷。比如为媒体制作一个图文混排模板，可能还带上视频、音频、后台系统，还可以做数据分析等
新型云商关系链网络	通信录、微信好友、微博密友开始融合在一起，里面也不再仅仅是好友和家人，还有同事、客户、名人、粉丝、企业等社会关系，在生活消费领域，一定会形成新型的云商关系链网络
涉及云商领域的企业新营销变革	涉及云商领域的企业，不仅仅是线下商户和线上电商，还包括涉及生活消费的民生领域的企业，如运营商、银行、广告商、水电煤供应商、社区、邮政局，甚至政府。他们传统的销售和市场部门，在营销模式上是相对分割的，随着云商电子凭证和电子标签的出现，整合的营销变革即将到来
基于地理位置的街景商家模式形成	目前 LBS 的应用相对简单，消费者查找附近的商家活动、位置导航这种模式将会在近期内快速发展，更多的商家、更好的体验，这绝对是个无边界的消费
基于消费行为分析的精准推荐	云商平台通过对消费者消费行为的精准分析，选择不同的商品内容（实物或权益）、不同的渠道（户外还是家庭）、不同的业务活动（交易还是广告），给需要的人发送需要的信息，这也将成为云商平台大数据的价值发现

显而易见，在这个大数据爆发的时代，每个人的行为规律都被记录成数据，都可以找到规律、做出分析，巴拉巴西写的书里反复强调的就是人的行为是可以预测的，而来源就是大数据！随着云商平台的不断演进，云商的大数据将会越来越丰富，这一切离我们不远了！

案例：四海商舟，电商界的"一条快鱼"

"如果这个模式成功了，我们开创的绝对是一片蓝海，我们是国内第一家做的，不怕别人进来，倒是希望大家一起把'蛋糕'做大，我们保持住领先优势就可以了。"四海商舟创始人兼董事长周宁说。

近几年电商呈爆炸式发展，但是越发展越感觉乏力，这个时候也只有对其手段和模式不断翻新，才能取得长足发展。四海商舟是电商服务模式的前景，2010年8月正式上线，不到一年，已经积累了200多家付费企业用户。李宁、麦包包、凡客诚品等，已经完成两轮融资，总额在2000万美元以上，有IDG、鼎晖等知名VC（风险投资）公司为其做后盾。

传统的外贸电商，以阿里巴巴B2B模式为主，主要提供的是信息共享和交易平台，每年收取固定会员服务费，效果好与不好都是这些钱。在这个平台上，一家世界500强企业和一家小小的夫妻店，所体现的东西差异不大，这种形式像是守株待兔。

四海商舟更像是主动出击，他们要开拓一条新路，以个性化、定制化、一站式为核心。简单地说，四海商舟就是帮助缺乏品牌的企业在海外进行品牌推广和销售，并且提供物流、仓储、支付等后端一站式服务，这样做就打破了中国企业只是抓住产业链上制造一个环节，而产业链其他的获利环节被欧美企业垄断的局面。

比如一家为国外品牌代工的陶瓷企业，他们生产的产品质量过硬，规模做得也很大，但是还是得靠为别人代工养活自己，因为他们没有品牌，销路就无法打开，通过新型电子商务四海商舟的服务，它可以做这样一个规划，前期打好网站等 IT 基础构架，然后利用 Twitter、Flickr、Facebook、YouTube、Linkedin 等新媒体平台进行品牌营销；短期内就会聚集大量的"粉丝"，如果产生订单，可以利用在线支付、物流服务等模块，为海外消费者提供整套的服务。而四海商舟签约的 Facebook、Twitter 等新媒体平台都是全球性的，覆盖面很宽，能够与很多国家的消费者迅速建立关系。

四海商舟不像其他电商那么引人注意，但是其盈利模式与客户的黏性都是更为合理的，目前四海商舟的几百个付费客户，合作金额从几万元到上百万元不等，按照使用模式的多少付费。四海商舟的模式更加看重客户的质量，而不是数量，更注意深度合作，像阿里巴巴这样的外贸平台，可能有几万个甚至几十万个用户，四海商舟董事长周宁表示，四海商舟如果达到 2000 个付费客户，其未来的商业价值就难以估量了。

四海商舟的客户呈金字塔的形式，塔基部分是购买少许模式的客户，刚开始尝试合作；塔中部分是逐步深入的客户，开始使用更多模式来扩大品牌和销售；而塔尖的，也就是 5% 的顶级客户，他们能给企业带来 95% 的利润，会使用全部模块。周宁总结说："我们对初级客户看重过程，中级客户关注方法，顶级客户看重结果。"

综上所述，中国外贸出口企业所缺少的就是直接的渠道，要想生存与发展，仅仅依靠传统的 B2B 所提供的平台是远远不够的，需要颠覆"守株待兔"的思想，向"主动出击"发展，就是以最快的速度给潜在客户提供商品和服务。基于这点，现在传统的电子商务企业也要向新型的电子商务，如四海商舟这样的企业发展，以后，电商玩的就是速度，快鱼吃慢鱼。

第六章　云商经济下的微商务
——在传播与分享中实现理想

不可否认，贺岁片《私人定制》不仅让冯小刚又实实在在地火了一把，成为了百姓茶余饭后的主要谈资，同时也为今天这个云商经济的大时代浸染上了更鲜明的个性化主色调。特别是在近期迅速崛起的"微商务"领域，这一量体裁衣的"私人定制"模式更显现出了无比的朝气。

"微商务"到底是什么？有人说是通过微信、微博开展的商务，有人说是个性化定制，我比较认同后一种，有一种国外的定义是："微商务是通过聚合为数庞大的用户形成一个强大的采购集团，以此改变之前的那种一对一的模式，使广大消费者能够享受以大批发商的价格买单件商品的利益。"

不管微商务的定义是什么，自从马云说了"微商务一定会成为产业升级的未来与消费者导向，柔性化生产、定制化生产将会取而代之，微商务将制造业的利益提高，将渠道打破，将企业的广告费用变零，微商务最重要的是在交互的过程中，得到个性化的产品"，这些话已经揭示了微商务的实质和未来走向。在我看来，微商务是企业大规模生产模式在快速发展100多年以后，在满足了人民群众基本物质需求之外，开始解决用户日益多样化需求而创造出来的商务模式。

对于企业来说，微商务不但降低了企业的生产成本和库存成本，而且降低了广告成本，很容易就可以集中一大群忠实客户；对于消费者来说，不但可以享受方便、快捷、便宜的消费体验，更重要的是各种个性化的设计，可以满足自己不同的需求。

总之，微商务是由消费者驱动导向带来的经营、生产理念的变革，是一种商业模式的变革，也是一种新的技术生产方式，而仅仅针对特定人群的个性化定制，则只是微商务模式其中的一个属性。

微商务的核心：传播和分享，而不仅仅是买和卖

总听人们说火星要是能撞上地球问题会很严重，这个我倒是没有什么体会。但是凭借多年的工作经验，我非常确信，在今天这个充满个性与机遇的大时代里，当商务人士遇到移动互联网，那结果应该比火星撞地球更加激烈。

很长一段时间内，实体经济的发展面临着种种发展困扰。据美国财政杂志《福布斯》一份"税负痛苦指数"的报告，我们看到中国的宏观税收负担指数位居全球第二，高税收直接导致上游产品垄断高价，再加上房价持续走高，都导致企业的生产成本随之提高；其融资成本高，人力成本高，物流行业兴盛，网上支付系统、货物供求链条趋于成熟，消费者的消费习惯逐渐由线下走到线上，这些原因都很难让线下的实体经济"轻装上阵"。

面对这种情况，不少企业纷纷转战电子商务平台，但是电子商务的高速发展也带来了相应的问题。随着互联网市场的规范化，电子商务成本也随之

增加，线上经济竞争压力增大，利益空间迅速"缩水"，加之商户间恶意竞争，大打价格战，网上商家诚信度遭人诟病……结果是线上交易利润越来越少，生意越来越难做。在线上、线下均遭到"瓶颈"，体验消费需求旺盛的现实语境下，企业应该如何"抓住救命稻草"？

乔布斯那句看似狂妄的名言——"我们重新发明了手机"，已经变成了现实，手机用户转向手机网民，通信行业开始向数据业务转型；整个移动互联网市场也随之疯狂起来。随着电子商务发展趋于完善，体验经济时代全面来临，用户对商务体验的要求越来越高，移动网络的迅速拓展正在为实体商品和实体场所带来颠覆性的变化。曾经有人说"在这个时代，谁若是把握世界的资讯，谁就先掌握世界的财富。"的确如此，在体验经济成为主流的当下，企业只有利用这一趋势，准确定义，并定时、定点交付高度精准、高度个性化的服务，使用户体验得到提升，才能实现商业模式的重大突破。

对于当下的商务活动而言，我们正在不知不觉间借助各种移动互联的工具和手段，越来越充分地利用自己的"碎片"时间来加速工作与生活的脉动。这似乎也正是"微商务"时代最典型的特点。尤其是伴随着云计算逐步成熟，移动计算技术的惊人发展，具有访问互联网功能的移动网络发生着翻天覆地的革命，且已与社交网络的扩展汇聚在一起，相互促进、彼此共生，这为终端用户提供了更为丰富的消费体验载体。

众多的网络产品，比如微信、微博等，这些工具不仅可以被当作是一种社交聊天的途径，更重要的是当它们与营销联系起来之后，起到的功效也是巨大的，微信从创立开始，打着语音的噱头，方便了很多人的沟通，自然它的用户增长也是十分迅速的。

举一个很简单的微信与商务结合在一起的案例。比如，有一位卖煎饼的人，在卖煎饼的时候使用了微信的定位功能，与周边的顾客取得了联系，经过不断的交流和沟通，这个卖煎饼的人就通过微信和周边的人成为"朋友"，每天早晨他睁开眼的第一件事，不是和面、生火，而是打开手机，看看这些微友们有几个人预约煎饼，到了时间之后，顾客就可以直接走到摊位前把煎饼取走，而不用等待很长时间。这种营销手段，对于那个卖煎饼的人来说，轻松找到了客户，合理规划做煎饼的时间。而对于买煎饼的人来说，方便、快捷，而且利用刷牙穿衣间的"碎片"时间，就可以轻松地买到煎饼，试想，突然有一天，这个卖煎饼的人所做的煎饼出现了不同口味的新产品，利用微信可以轻松地让他的微友们知道这一信息，并完成交易，或者他的微友与朋友交流，说有一家煎饼店很时尚，采用微信订购，早晨时间本来就少，喜欢赖床的朋友可以节省很多时间，也自然有更多的人加入到购买的行列。

当然，"微商务"的形式多种多样，这其中一定也不乏我们的影子。尽管我们身处不同的行业、不同的职位，也有着不同的性格和生活环境，但是在我们身上，无不渗透着各种移动互联时代的应用元素，比如移动智能终端、移动网络以及基于移动互联的各种 App 和移动门户网站，甚至连看似最传统的打印机、投影机等 IT 产品。在"微商务"时代，人们都与移动应用有了千丝万缕的"网络"情缘。

从"微商务"最典型的特点，我们可以看到，当商务碰到了社交网络，这为终端用户提供了非常丰富的消费体验载体，交易不只是简单的交易，更多的是一种传播和共享而达到的交易。人们在社交的过程中，与自己朋友分享消费的美好体验，分享使用产品的美好感受，自然也触发到别人。这非常像传统的口碑传播，口口相传，创造品牌，只是现在的交流工具更加便捷，使口碑传播发挥最大的功效。

云商经济下的新型微商务：基于云端的无限扩展

一个适应时代发展的优秀的企业经营理念，对企业的长远发展来说至关重要，理念之于企业就好像信仰之于教徒，虽然无形，但却引领者无数人的发展。随着时代科技的飞速变迁，企业的理念也在不断地发生着变化，没有与时俱进的超前理念作为支撑，再强大的企业也终究面临被社会淘汰的命运。

信息技术推动媒体形态的更新，对营销传播学也产生了催化作用。在"酒香不怕巷子深"的云商时代，现代企业的营销模式亟须转型，合适的营销模式，便是这个时代的优秀理念。

现代企业的营销模式将会发生什么转变呢？前面我们也提到过，现在再看一个大背景，在消费者接受信息习惯转变的情况下，利用与整合消费者碎片化的时间，去给他们提供一些感兴趣的内容，从而把品牌信息有效地传达出去，微商务下的微营销的核心价值体现为两个方面：第一是渗透消费者"碎片化时间"，第二是让消费者主动并互动地接受品牌信息。

据互联网监测研究平台 DCCI 互联网数据中心近日发布的《2012 中国手机网民蓝皮书》称，中国的手机网民约为四亿人，这个数字几乎相当于世界人口排名第三的美国人口数量的总和。这意味着我们面对的不是一小部分人，如果我们错过了移动互联网，错过了微营销，我们就将错过一个"国家"，而且是在全球人口排名第三的"国家"，当然，还将错过一个时代。

曾经偶然在网上看过这样一个帖子，内容是：10 年前，互联网来了，有人因此成为商业巨头；三年前，微博来了，有人因此实现财富"核裂变"；不久前，微信来了，零成本营销变为现实。现在我要补上一句：云商时代来了，微商务可以达到资源的无限整合，营销手段的无限多样化。是的，互联网时代将会再次被颠覆，短短几年时间，手机网民的规模已经达到六亿人，一部小小的智能手机必将开启一个时代。

面对这样的时代，我们具有如此多的手机网民用户，以及人们商务习惯的改变，碎片化时间等诸多原因，对于我们来说开展微商务是这个时代的诉求。

什么是微商务，什么又是微营销？我们对其的看法却出现模糊化、狭隘化。

传统观点认为，微商务就是微博营销、微信营销，其实不然，微商务的形式多种多样，微博营销、微信营销只是构成了微商务的主要架构，只是初级阶段，现在凡是商家以智能终端所开展的一切商业交易活动，包括产品的展销、售后服务、功能开发，都可以称为微商务。

微商务是指"工具＋营销"。打开手机，上面所安装的App，如聊天交友软件、打车软件、地图软件、团购软件、娱乐游戏等，都是微商务的工具。利用这些工具进行的营销经营活动，自然都是微商务活动，其中如地图软件，娱乐游戏类软件本身就是百度、飞流等商家对用户开展的微商务。另外，比如打车软件、团购软件则成为一个微商务的平台，吸引诸多商家对用户开展微商务。

说白了，微商务实际就是一个利用移动网络微系统而进行的商务活动，微商务就是将线上、线下营销整合起来，将线下引流到线上支付，线上引流到线下（实体店面）浏览。可以通过微信、微博、微电影、二维码、公众平台、微店、公司微商城等工具。这种低成本、高性价比的商务活动，主张"虚拟"与"现实"的互动，微商务的微营销是建立一个涉及研发、产品、渠道、市场、品牌传播、促销、行业交流，品质保障，客户满意关系等更"轻"、更高效的营销全链条，整合各类营销资源，达到以小博大、以轻博重的营销效果。

认识到这一点，建造立体式的微营销框架，不但着重打造微博营销、微信营销，还应该发展微视频营销、微平台营销等，这样才能充分发挥微营销的功效，让微商务沿着正确的方向发展。

微商务是基于云端的无限扩展。你每天敲击一下键盘，都将为网上海量数据增加一条信息，你每天浏览一个网页，都能使企业寻找指定客户提供信息保证。这就是我们很长时间都在纳闷的为什么我们偶尔浏览一下"礼服"的网页，当我们以后再次打开电脑，页面上就会自动弹出"礼服定制"、"婚礼策划"、"酒店预订"等诸多信息的原因。这是一个云端的时代，我们的行为都将化成一串串的数据。

不断进步的数字技术能给顾客带来更加个性化和便捷的客户体验。最早的互联网的兴起，消费者可以通过这种便捷的方式，足不出户地购物，消费者便为之欢喜雀跃。后来，移动互联网的崛起，商家通过微博、微信进行营销，不需要花费太多资源，就可以得到自己想要得到的客户信息，这使商家着实兴奋了一把。现在许多企业发现，基于云的数字营销平台能够帮助其规模化地提供最具相关性的客户体验，从而优化营销绩效。

从商场里促销员的热情推荐，到打开计算机通过浏览网页选择商品，再到通过手机等移动终端直接与企业沟通，随着技术的进步，消费者和企业中间的环节越来越少，人们可以享受直接与企业对话，进行更加个性化选择的便利。在云商时代，企业要想在新的营销环境下创造更优越的客户体验，就离不开云平台。

互联网和移动互联网主导下的数字化信息时代可以帮助企业以前所未有的速度收集用户的海量行为数据，也就是本书开头提到的那种形式，然后企业在大数据的基础上分析、洞察和预测消费者的偏好，并据此为消费者提供最能满足他们需求的产品、信息和服务，这便是近几年很火的大数据。

事实上，大数据时代也并不是没有缺点，比如，每一个企业对他们的用户的了解也只能像瞎子摸象那样，只知道片面的或者是单个维度的。比如说有三家网站，第一家是服装店，第二家是餐饮店，第三家是培训机构。任何一家网站只能知道消费者在自己网站上所表现出来的信息点，比如服装店呈现给消费者的信息是这个消费者爱穿运动服，而且价格敏感度比较高，餐饮店网站搜集的信息是这个消费者爱吃辣，而且非常爱吃四川口味的食物，可能是四川人，如此种种单个的信息。

每一家网站面对这个消费者的产品宣传，不论是通过互联网还是通过微信、微博，都将是片面的，如果第一家网站同样也知道第二家网站的信息，同时又知道它在培训哪些内容，那么对这个消费者的认识才会非常的全面，不仅是宣传，更重要的是可以开发新的产品，充分满足这个消费者的体验。

在云商时代，企业便可以做到这一点，在不侵害用户隐私的条件下构建消费者全面的兴趣图谱，将会直接帮助所有参与的企业提高对用户的理解和行业竞争力。

相比其他营销平台，基于技术的数字营销平台具有高度的灵活性，能在不断变化的数字化渠道上为消费者提供一致性的、端到端的关联性体验。埃森哲的一份报告分析称，目前数字集成平台由数据、内容、数据分析和优化四大支柱组成，这可以帮助企业创造更大的相关性及更加优越的客户体验。

微商务营销方式如表6-1所示：

表6-1　微商务营销方式

方　式	说　明
以数据 为基础	数据是整合平台的基础。数据包括网页点击流数据、手机、视频、客户关系管理、销售点、社交媒体、呼叫中心、电子邮件或广告投放等第三方营销系统。将所有的这些数据整合到一个平台上，便形成了一个大数据，这对于营销人员对消费者进行分析，意义非凡
内容的 转化率	内容是一项关键资产，是用来建立与客户之间的相关性联系。一款新产品出现之后，商家就需要为这个复杂的产品准备详细的说明、促销和服务条款等，这就进而催生了对广泛内容管理能力的需求
数据分析 与报告	数据分析与报告提供相关性体验的洞察力。在数字平台上，数据分析是建立在数据和内容的基础上。平台所采用的互动渠道可产生大量的统计信息。对于想要在云商时代赢得市场的企业而言，整合的数据分析可以为获取相关性体验提供重要的洞察，使内容价值货币化，并最大化市场投资回报
优化是使收 益最大化	该行动可以是提供实时的个性化体验，来吸引客户并实现客户转换，也可以是高效地执行多渠道活动，这些渠道包括搜索、展示、社交媒体、手机、视频、游戏等，从而优化广告投入，并尽快实现最高收益

基于我们上述的分析，微商务在云商时代，将会很轻松自如地进行营销。不但可以使企业更广泛地发布自己的商品信息，让消费者熟知，而且更具精准度，可以更贴近消费者的需求，增强消费者的体验。

门槛很低：只要你会用手机，你就能成为微云商

不知道从什么时候开始，当我们打开朋友圈，出现在我们眼前的不再只是好友发表的心情、美食与自拍，取而代之的是各种商品的宣传或代购的标语，我们不禁会擦擦眼睛，难道我们进错页面了？错入了淘宝？细细一看，没错，朋友圈还是朋友圈，只是它多了一样功能——微云商平台。

随着云商经济的发展，云商经济下的微商务成为一种新的商务模式，而参与这种新鲜模式的商家则被称为"微云商"，只需要凭借任何一部手机或移动设备，借助云商经济圈这样的平台，就可以将自己的商品销售出去。

很多人问我微云商是否可行，凭借多年的经验，我觉得可以，比如，它的突出好处是没有什么成本，门槛很低，只要有一部智能手机就足够。而在传统电子商务模式下，开一家淘宝店，需要在电脑上做图片处理，需要上传，还需要雇人，有自己的仓库等。相比之下，开一家微店就非常的简单，只需要手机拍照发布就可以了，并不需要雇人，更不需要做广告，光从顾客里深挖就可以。

开一家微店，只需要两分钟时间，填写手机号、身份证信息并绑定一张银行卡，微店就可以开业了。这也非常类似于淘宝店。微店开业之后，可以将商品图片和信息上传，并且通过"一键转发"，就能把商品分享到云商经济圈平台上，客户点开后便可直接交易。

"微店"比在电子商务网站上开店成本还要低，尤其是在营销方面，几

乎可以说不需要花费任何费用。比如我们想开一家卖鞋的微店，首先可以联系到一家鞋厂做总代理，然后发动自己的朋友开微店，帮自己分销。我们将商品图片与文字描述发表在云商经济圈上，并直接与买家一对一交流，买家如果感兴趣就会主动与我们交流，双方达成一致后开始交易，我们只需要让厂商直接发货，赚取差价就可以了，也可以免去很多繁琐的流程。

来自北京的李小姐是一名家庭主妇，因为要照顾5岁的孩子，每天上下学接送，所以上班不方便，就做起了全职太太。无所事事的她，试着开了一家"微店"成了微云商。说到自己的微店她显得有些兴奋，说起来也是滔滔不绝，而且分析得头头是道："人们因为平时工作比较忙，很少有时间去逛街，再加上有时候去逛街，遇到一些店铺的销售员冷言冷语，就更加提不起兴趣，自己在云商经济圈维持了很多的好朋友，当自己发一个商品信息时，成千上万的人都能看到，我想一家地理位置非常优越的商场，每天的人流量也不过如此，更重要的是这些人都是自己的朋友，对自己比较信任，促成交易也比较方便。"

李小姐继续说道："我卖的是一款面膜，现在女孩子都爱美，面膜很好卖，而且我亲自试验，通过我皮肤的改变，她们就可以很直观地看到产品的质量。我是从上级代理那里进的货，他是总代理，可以直接从公司发货，像我这样的只是一个中间人的角色，不需要囤货，只需要与消费者谈妥价钱后，通知公司发货，自己只赚取中间的差价就可以了！"

当然，微云商推出来之后，到现在还是有很多人不知道微店、微商为何物。这就像是淘宝和京东等电子商务网站刚刚兴起时一样，人们此前似乎没有料到这些"新逛街时代"会如此火热，而微商的出现不过是让人们从"鼠标购物"转到"掌中购物"而已，这是继淘宝之后又一个兴起的购物平台，而且比淘宝更便利，我们不用像开淘宝店那样需要一系列繁琐手续和费用。而且对消费者来说，也是一种时尚简单的购物体验，消费者可以用等候、休息的碎片时间完成交易。

传播速度更快：用信息传播带动资源整合

微商务比起其他电子商务还有一个最大的优点就是传播速度快，下面我们说明为什么微商务的传播比传统的电子商务网站速度更快，而且更加便捷。

首先，从传播途径来看，因为云端平台能获取人们对信息的特定需求，比如思想需求、心理需求、审美或者其他方面的利益需求等，所以它能引起人们的广泛传播和欢迎。

其次，从表现手法来看，发表信息的方式、方法非常便捷，受到的限制极少，大多数人都可以通过云商平台分享身边发生的新鲜事物或者关注焦点，并抒发自我情感以及对社会事件的看法。随时关注、发送消息已经成为很多人的一种生活习惯，因此，简单的交流迅速转化为快速、高效的传播模式。

正是云商平台具有这样的特点，人们乐意采取这种方式去传播信息，当然这些信息也包括商务信息，人们在交流和互动中不知不觉地就完成了交易。

再加上随着数字技术的进一步发展，微商务的信息传播活动即将进入微云商时代，所谓微云商时代就是以信息的数字化技术为基础，使用数字通信技术，运用音频、视频、文字、图像等多种方式，通过新型的、移动便捷的显示终端，进行以实时、互动、高效为主要特征的传播活动的新的商务时代。

微商务时代传播在以下技术的辅助下,传播速度更迅速和快捷。

一是4G技术,海量信息一手掌握。所谓4G是指将无线通信与国际互联网等多媒体通信结合的新一代移动通信系统。4G能处理图像、音乐、视频流等多种媒体形式,提供网页浏览、电话会议、电子商务等多种信息服务。通俗地讲,4G就是能让我们享受到更快的无线上网速度、更丰富的手机多媒体服务的先进通信网络。

二是物联网,赋予物体智能。所谓物联网是指装置在各类物体上的电子标签、传感器、二维码等经过接口与互联网络相连,从而给物体赋予智能,可以实现人与物体的沟通对话,也可以实现物体与物体的沟通对话。这种物体连接起来的网络被称为物联网。物联网使各种物体在生产、流通、消费的各个过程都具备智能,甚至使智能遍布整个生态系统。这一技术若是应用到信息产品的生产链上,必将对人类的传播活动产生巨大变革。

微商务时代传播的特点,如表6-2所示:

表6-2　微商务时代传播的特点

特　点	说　明
流动传播	4G技术的发展解决了信息接收终端的移动难题。未来的信息接收终端将不会仅仅局限于手机,特别是随着物联网的逐步建设,各种物品都将被赋予智能,兼具传播功能,人类的信息接收终端种类将不断增加。这些小巧便捷的信息接收终端可以使人类的传播活动范围大大拓展,进一步突破时空的限制
瞬时传播	微商务时代带来了信息传输的高效率,传播活动也随之具有瞬间性的特点,信息的传播速度更快、传播的内容更具冲击力和震撼力。对于传播者而言,小的信息量提高了传播速度,加快了信息内容更新,更可以通过手机等便捷通信设备在很短的时间内发布信息。对于接受者而言,接受信息、消化消息的时间非常迅速,而信息内容却异常丰富

续表

特 点	说 明
扁平化传播	数字技术使传者与受者位置互换、重叠并且逐渐变得模糊；传播活动逐渐"去中心化"，甚至出现"无限中心化"的趋势。在 Web2.0 的技术平台上，传播活动再也不是单向式传播，而是呈现信息传播的网状结构、双向结构。在微商务时代，每一个手持移动终端的个体都是一个传播节点，相比之前，人们进行传播活动更加便捷、高效、平民化

表 6-2 中的这些特点决定了微商务传播信息具有"即时"的特点，也就是信息的生产趋向"零"时间，生产的内容常常为一句话，字数比较少；信息发布几乎"零"时间，发送功能简便，点击发布即完成，无需等待；信息转载几乎"零"时间，转发功能强大，点击转发，即可发送给"粉丝"；信息反馈趋向"零"时间，点击私聊或评论，即可迅速继续进行反馈。

由此可见，微商务时代传播信息速度更快、互动性更强，使得消费者和商家交易变得更加简单，人们可以在等车的时候交易，可以在吃饭的时候交易，交易可以融入我们生活的每一个碎片时间内。

成交率更高：用影响力塑造企业营销力

北京同仁堂是中药行业闻名遐迩的老字号，中药业的第一品牌，创建于清代康熙年间的 1669 年，具有 340 多年的历史，经久不衰。国内四大中药品牌之首，同仁堂的地位不言而喻。

在这个大搞眼球经济的时代，医药广告更是铺天盖地，有调查显示医药企业的广告投放接近广告总量的 1/3，一直活跃的广告主如汇仁、九芝堂、仲景药业等，都是大量投放广告的中药企业。但是作为中药最大品牌的同仁堂却非常的低调，多年以来从来就没有找任何明星做代言，也从来没投放过一条电视广告，就算是与同仁堂有最大关系的电视剧《大宅门》也没有被很好地利用起来。同仁堂宣传部姜部长说，对同仁堂最好的宣传是百姓的口碑，口碑相传是同仁堂宣传的制胜法宝。

在今天，电视、报纸、广播、杂志、路牌等传统媒体由于信息渠道的庞杂多元，包括现在的网络，在信息传递效果和对潜在消费者的影响力都不如从前；同时，在媒体传播内容、形式等策划水平还不够高的情况下，基本上难以和消费者的需求快速形成共鸣。在这种情况下，微商务的微营销这种既省钱又具生命力的传播资源，为我们所追逐。

微商务等的微传播，更像是刚才我们所提到的同仁堂的口碑传播，古语云："劝君不用携顽石，路上行人口似碑。"曾有过一项调查说：一个忠实顾客会引发 8 笔潜在的买卖，其中至少有一笔可以成交，比如我们有 10 个云商好友，他们各自又有 10 个云商好友，那么最初级的计算，这种比较亲密关系的消费者就有 100 个，按照刚才那样的计算，当你发出一项新产品的时候，就会有 100 笔潜在买卖，其中至少有 10 笔可以成交。

当然我们也不至于只有 10 个云商好友，为了扩大微店的关注度，我们会不断地加好友，最多的可以达到数千人，前面我们说过，这就相当于一个地处非常繁华的商铺每天的客流量，但是这些客流往往很多都是僵尸客户，起不到作用，而这些好友，就是你的朋友，或者很容易就可以成为你的好朋友，自然也就成为你的忠实客户。我们有一项研究发现，决定一个人购买一件物品的因素中，亲戚朋友的建议起的作用达 80% 以上，尤其是一些对自己用处比较大的商品。试想，当你要买一个物品时，你的朋友告诉你，他的一个朋友正好卖的就是这个物品，货真价实而且还会有人情价，这样一来，就很容易促成这项交易。

综上所述，微商务具有口碑营销的优点，只要产品符合消费者的需求，便可以迅速、便捷地让别人得知你的商品信息，而且传播受众一传十、十传百，消费者人数便会呈几何式地增长，而且这些客户都是忠实客户，对你有足够的信任，所以成交量自然也就非常高。用影响力塑造企业营销力，这就是微商务比其他的电子商务、传统商务的优势之处。

但是，我们要注意到这一点，在微世界里，用户不仅仅是上帝，他有可能是魔鬼。有权威调查公司曾做过统计，一条坏消息的传播力量是一条好消息的10倍，这类似中国的一句俗语"好事不出门，坏事传千里"。在微商务平台上，它的公开、透明、即时，让用户任意一个言论便可以瞬间无限制放大。好的言论可以成就一个企业，坏的言论可以捣毁一个企业，这就是微口碑的力量。

用户第一：从"以产品为中心"转向"以市场为中心"

谁能为客户提供优质的服务，满足客户的价值需求，谁就能赢得客户，赢得市场，从而使企业具有较强的市场竞争力。这是以消费者为市场主导的必然结果。再回到我们社会的这个大背景，经济学上有一个"梅特凯因定律"，认为"互联网的价格等于其外延的平方"。意思是说互联网经济的价值远远超过传统的价值，这是因为互联网经济的增长不是以算术级数来计算，而是以几何级数来计算的。

网络革命可以说是人类历史上继农业革命、工业革命和信息革命之后的第四次技术革命，前三次技术革命也只不过是提高生产效率，而网络革命就有所不同。除此之外，它将计算机和通信技术相结合，突破的是时空概念，并且由于科技的发展，云商时代的到来，它正逐渐改变着企业的经营理念与经营方式，改变着人们的思维方式和生活方式。

互联网对企业的影响是全方位的，其中影响最直接的要数营销了，也就是传统的直线营销，转变为网络营销和微营销。传统的营销关注4P，也就是产品、价格、渠道和促销，换句话说，在传统营销环境中，只要产品质量过硬、价格合理、渠道顺畅、多做促销，所生产的产品就不怕没有消费者，这个公式也一直是市场的普遍模式。但在互联网时代，尤其是云商经济时代，只关注这些还远远不够，营销还需要注重客户、成本、方便和沟通，只有真正构筑起一种"以市场和客户为中心"的新模式，只有与客户真正互动起来，把他们转化为忠实客户，方能取得成功。这是因为网络营销的虚拟化、全球化特点，极大地拓宽了企业资源配置的范围，拓展了企业的营销领域，而且它的交互特点又能够通过互动式营销，体现顾客的主体地位，帮助企业科学地进行后市场定位，寻求更好的服务对象和服务对策，满足顾客多样化的需求。

以市场为中心，也就是以消费者为中心，在现代营销学中，实际上就是根据市场的需求和消费的需求来决定自己该生产什么样的产品。以市场为中心使企业从"以产品为中心"的经营理念转移到注重市场需求，通过市场调研并对市场行为进行研究与分析以了解市场需求。

要做到"以市场为中心",首先要做的一项工作就是市场划分和市场细分,明确企业是服务于哪一部分市场,在这个层次的市场上,企业又为哪一部分人服务,即我们通常所说的目标客户群。其次,通过完整产品的差异化来赢得客户,完整产品的差异化是在大量的市场调查的基础上发现创新的源泉得以实现的。最后,"以市场为中心"必须有组织上的保障,即设置独立于销售的市场职能,从事企业营销战略的实施、新产品定义、市场调查、竞争分析等工作。

以"客户为中心",就是关于客户的选择与定位,确定目标客户,巩固老客户和发展新客户。任何一个经过长期发展的经济都不可避免地经历着这样一个从"以产品为中心"到"以客户为中心"的经营模式的转变。企业的生产运作开始转到完全围绕"以客户为中心"进行,从而满足客户的个性化需求。

要做到"以客户为中心",首先,要定期进行客户满意度调查,调查的方式多种多样,可以是传统的问卷形式,也可以通过网上互动游戏的方式,相比之下,网上的方式更加方便和快捷,需要主要客户调查,至少每年一次,主要是对客户满意度、客户流失率、客户向心力、客户离心力等问题进行调查,以掌握客户需求的变化和企业为客户创造价值的能力。

其次,有专门的部门负责产品创新,对企业的新产品创新、新产品上市负全部责任,负责管理产品的生命周期,他们的主要任务就是去发现产品创新的源泉,知道消费者对现有产品的满意之处和不满意之处,知道潜在消费者没有加入消费的顾虑和问题。

最后,"以客户为中心"就意味着要给客户创造独到的价值,解决令他们不满或困惑的问题，提供超值的客户价值。

著名的戴尔计算机公司的崛起在全球商业界掀起了一场真正的革命。这场革命就是要真正按照顾客的要求来设计和制造产品，并在尽可能短的时间内送到客户手中。

戴尔计算机公司的电子商务站点 www. dell. com 借鉴了戴尔已有的业务模式，将产品直接销售给最终用户；只有在订单确定之后才生产，保持最小的库存，不仅如此，dell. com 还扩展了这种连入顾客互联网络的能力。通过这种方式戴尔公司获得巨大的成功。

戴尔公司在创始之初就坚持"黄金三原则"：第一，摒弃库存；第二，坚持直销；第三，让产品与服务贴近顾客。

这三项原则极大地降低了公司的成本，产生了一种新的经营方式，一种不同于传统企业的生产模式，直接掌握销售信息、确定销售标准、与客户直接联络、满足客户的个性化设计，接受订单以后投产的生产模式。

戴尔公司允许客户自定义设计其喜欢的产品，客户可以自由选择和配置计算机的各种功能、型号和参数。戴尔公司根据客户的要求进行生产，满足客户的个性化需求。戴尔公司能够根据客户特定的需求为他们量身定做，真正做到了"以客户为中心"。在为客户提供更好的服务的同时，公司也获得了更多的利润。

可以说，网络营销，对标准化产品传统定价策略、营销渠道、广告方式和服务方式均有很大冲击。进一步讲，对企业营销战略和金字塔形的组织结构以及传统的企业文化，也都带来很大的冲击。

就今天而言，网络营销虽然还没有取代传统的营销方式，但它向我们展示的前景是美好的，对企业的影响也是潜在的、巨大的。企业只有更新理念，用网络优势推进企业营销方式的变革，才能在未来的竞争中取得主动权。

个性化定制：不同的产品对应不同的服务受众

云商经济时代的到来，是一个以消费者为导向的时代，强调个性化的营销方向。

云商经济时代最大的特点就在于以消费者为主导，消费者将拥有比过去任何一个时代更大的选择自由，他们可以根据自己的个性特点和需求在全球范围内找寻满足需求的产品，不受地域限制、不受时间限制。通过进入感兴趣的云商企业，消费者可以获取产品更多的相关信息，使购物更显个性，这与这个时代消费者主体的改变也是分不开的。

曾经有个"金领、白领理论"，这个理论对消费者架构进行深入的分析。"金领、白领理论"认为，在网络时代，消费者的主体主要集中在金领和白领这一部分人，这类人的年龄大部分集中在 25～40 岁，他们普遍接受过高等教育，工作性质节奏快、压力大，又由于互联网改变了他们的生活方式，方便、快捷、便宜的网购成为他们的首要选择，这类人另一个最大的特点就是个性化十足，喜欢追求不同的生活，当然对于消费品也是如此。

随着电子商务的发展，企业和消费者能直接地进行交流，这也给满足消费者的个性化需求提供了可能。也就是说，消费者可以将自己的个性化需求信息直接传递给企业。对于企业来说，要想获得更多的消费者，最主要的做法就是满足不同消费者的个性化需求。随着计算机辅助设计、人工智能、遥感和遥控技术的进步，现代企业将具备以较低成本进行多品种小批量生产的能力，这一能力的增强为个性化营销奠定了基础。

上面我们也提到过，在传统商务模式的条件下，要完成个性化的需求是非常困难的，首先要解决庞大的促销费用问题，云商经济的出现则为这一难题提供了可行的解决途径，企业的各种销售信息在网络上将以大数据的形式存在，可以以极低的成本发送并随时根据需求进行修改，因而可以节省庞大的促销费用，企业也可以根据消费者反馈的信息和要求通过自动服务系统提供特别服务。

个性化定制云商针对每个人的不同需求，为其提供独一无二的消费品。买方可以获得自己喜欢的个性化用品，卖方可以出售自己的创意，云商平台则充当个性化的电子商务平台。这就是个性化定制网站的商务模式。

中国秀客网就是一家提供个性化产品定制服务的商业网站，他们致力于通过云商平台为用户提供全面的个性化产品体验。

中国秀客网通过可简易操作的在线 DIY 工具，吸引许多用户加入个性化产品定制中。中国秀客网已经建立了一个功能多元化、使用简单化、生产互动化的个性化产品定制平台，它将互联网用户的个性化需求释放到传统的生产制造业中，让用户享受到各种类别的个性化定制服务。

中国秀客网的最大特点就是支持"秀客"自主上传个性化的图片来丰富自己的秀空间，鼓励秀客用自己喜爱的图片来定制个性化产品，每个秀客都可以成为签约设计师，还能从图片分成中获取长期性的收益。

中国秀客网负责人介绍："很多网民都有自己的个性，通过定制个性化产品也是为了表现自己和别人不一样的一面。有一位四十多岁的女士，就把自己的个人信息放在她定制的 T 恤上，很有创意和激情。有的网民把自己喜欢的明星放在 T 恤或者茶杯上，这是一种表达情感的方式。"

其实，像中国秀客网这样提供个性化定制服务的网站还有很多，比如 WHATOK 网，它提供个性化礼品定制服务，用户可以用自己的照片做一张个性拼图，作为最特别的礼物送给爱人、朋友、家人等。

出版业是传统行业，一般人要想出书很麻烦，要购买书号、出版社三次审读、三次校对、排版、印刷等。近日，一个网站也开发了这样的业务，因为对于普通人来说印刷、出版是不切实际的，而该网站可以使现在普通的网民们通过另外一种方式实现自己"出书"的愿望。他们为普通网民提供印刷服务，不包括出版。只需要网友收集相关的文章，并有思想与表现手法上的突破，他们都可以帮网民印刷成册。印刷一本 200 页的平装版的书，只要 44元左右，5 天之内书就可以到网民的手上了，这样个性的服务确实十分吸引人。

总之，云商平台能为企业节省巨额的促销和流通费用，使产品成本和价格的降低成为可能。而消费者则可在全球范围内寻找最优惠的价格，甚至可绕过中间商直接向生产者订货，不仅可以得到个性化的消费品而且还能以更低的价格实现购买。

案例：App 营销案例

据有关数据显示，2010 年中国手机应用下载规模突破 8.31 亿次，2011年突破 36.64 亿次，同比增长 424%，2013 年手机应用下载规模突破 207.19

亿次，是世界人口数的近3倍，2014年还将有比较大的突破，这与 App 广告自身的特点是分不开的。

首先，其精准性、互动性、位置化和长尾性、强用户黏性等，决定了它能为企业提供更具个性化、到达率高精准化的广告服务。

其次，App 形式丰富，种类繁多，可以针对不同的人设计不同的 App，而且 App 的广告位唯一，精准性更强，结合手机表现的创意空间更大，这也让更多经典的难以复制的营销案例在品牌和产品的竞争中脱颖而出。

最后，App 的应用智能手机决定了 App 营销的主流用户人群分为高端商务、时尚潮流、白领、公务员四大类，这部分人群往往经济购买力强、思想活跃，但普遍比较忙，以 App 打发碎片化的时间，多是典型的"微博控"、"应用控"。

App 应用行业包括餐饮业和电商行业等。下面列举部分实例：

一是掌中餐厅餐饮 App 的营销案例。中餐营销普遍出现的问题，传单档次低、效果差，媒体广告又太贵，做不起；预订电话占线；客人排队，体验差，造成上门客户大量流失；黏性差，找不到培养老客户的办法。但是，在进行 App 推广后，以快打慢，速度为王；随时订位，掌中餐厅；线上呼叫，方便贴心；菜单明细，各有所爱；特色为"营在心头，赢在掌尖"，增加印象，刺激客户二次消费；贴心的暖心服务，会员生日的特价菜，节假日的优惠券推送。

二是训练营 App 案例。为帮助用户实现锻炼计划，推出了一款名为"训练营"的 App。这个具有综合性训练功能的 App 由专业教练研发，将训练营多年的训练研究和专长集结成一个为用户提供个性化健身体验服务的工具，让用户可以随时随地拥有个人训练师，可实时查看训练计划，追踪训练进度，督促自己坚持锻炼。

三是《变形金刚3》的 App 营销案例。在脸谱网上专门为 iPad 和 iPhone 用户设计开发 App 广告类小游戏，这款对战类游戏中，用户可以选择"博派"或"狂派"，进行比拼并赢得积分，也可以与好友组成战队，真实地还原电影当中"汽车人对战场景"。这是《变形金刚3》在影片上映前夕所做的营销活动，游戏的亮点在于通过 App 全方位的"兴趣＋游戏＋体验"的方式，以及设计交互游戏，积累强大的粉丝群，又刺激了目标消费者对《变形金刚3》的期待和热情，娱乐化地传递了产品和品牌的理念。

四是麦当劳汉堡大轮盘 App 案例。麦当劳在脸谱网上制作了一个 App 应用叫汉堡大轮盘，找到最适合你的汉堡。首先将你的嘴张得足够大，然后这个 App 应用就会测试你最大的嘴的尺寸，然后给你推荐一个麦当劳汉堡，看看你的嘴和这个汉堡的尺寸能不能相符。当你玩这个游戏的时候，你的脸谱网的状态上就会显示你最适合的汉堡，而且你那幅张大嘴的图片也可以变成你的头像。

另外，为了刺激每个人能够积极参与到活动中来，麦当劳每周都会有一个汉堡被随意挑选出来，每个被确定符合尺寸的人，都会获得一个优惠券并发到手机上。

微营销讲究的是一种"互动、游戏、轻松、体验"，我们利用娱乐的时间就可以完成消费。而如何做这类营销，首先是要分析消费者和用户的行为，挖掘内在的需求和兴趣点是关键所在。

第七章 云商经济下的快速成长模式
——构建新一代网购平台

机会，在未被满足的需求中发现；成功，在满足需求的过程中实现。电子商务的便捷，使得消费者足不出户就能随心所欲地买到称心如意的商品，也让电子商务经营者个个赚得盆满钵满。电子商务正逐步替代传统的地面店，这种趋势不可逆转。"中国就业促进会"就曾指出，未来的 5～10 年，中国将成为世界上最大的电子商务市场，网络经济的年均增速达到 30%。

电子商务在历年的发展中也出现乏力的问题，要想发展还需要变化。而云商经济顺应时代潮流，通过整合各大电商、各类云客、各商品供应商、社会化服务等，从而为消费者提供更加方便、快捷、实惠的新一代的网购平台，云商发展的大趋势同样不可逆转。

云商是史无前例的革命，通过我们前面的介绍不难发现，它不但具有巨大而永恒的经济价值，而且具备必须成功的三大因素，这就是：最大的趋势、最大的市场以及最小的竞争。

云商经济圈这样的平台，汇集了全国以及全世界的众多网商运营机构，达成互利、互惠共同发展的一致共识。在这个平台上，可以帮助供应商搭建、管理及运作其网络销售渠道，可以帮助分销商获取货源渠道和利润。它的成功开发将解决从事电子商务行业者的投资、物流、技术、服务、信誉、产品以及品牌等诸多难题，是又一次电子商务行业的飞跃。

另外，随着互联网用户，尤其是移动互联网用户的激增，截至 2013 年，中国移动互联网用户超过四亿人，网络经济的年增速达到 30%。云商经济圈平台的开发，无疑可以向更多人传递自己的产品和服务，也在未来的竞争中必然取得优势。

之前互联网"火"了三次，第一次是门户，第二次是电子商务，第三次是搜索，这三次"火"都是美国人告诉中国全世界怎么做，而第四次"火"就是云商经济，很有可能是中国人教全世界怎么做！相信以后中国不只是有一个阿里巴巴，云商平台要做就做最好，做最有名的 B2B 电子商务平台，将中国的商务推向世界范围内的整个网络！

云商矩阵中的信息：没钱不是失败，
没有信息才是真正的失败

一条信息能救活一家工厂，一条信息使一个穷光蛋很快变成富翁，看似简单的信息，往往能给企业带来巨大的效益。

20 世纪 80 年代前后，中国广东有好几家企业生产电炊具，开始投放市场时也曾红火一把，但是，由于当时多数城市电力供应紧张，电灶具使用量也大大减少，一时市场供过于求，很多企业都选择压缩生产，或者干脆做出了转产的决定。在这种情况下，湛江的一家家电公司却反其道而行之，不但没有停止生产，而是继续大批量地生产电炊具。

被问及为什么做出这样一个决策时，企业负责人说，他从当时报刊上得到这样一则信息：不少专家和政府权威人士都指出，我国的森林资源因做饭烧柴而遭到严重的破坏，接下来要非常重视发展农村小水电，提倡并引导广大农村有条件的农户逐步以电代柴，从而减少森林资源的破坏。根据这个信息，湛江的这家家电公司做出判断，广大的农村将成为电炊具巨大的潜在市场。于是，公司改进设计，推出面向广大农村市场的价廉物美的电炊具，果然不出所料，80多万只电饭煲在当年成了抢手货。

这个故事告诉我们：处在当前这个信息时代，信息决定一个企业的发展以及成败，信息就是企业经营的命脉和无形的财富。像湛江的那家电器公司因为掌握了电炊具市场将会非常广阔的信息，企业根据市场情况设计产品，便掌握了经营的主动权，从而处在市场竞争的主动地位。

有人说，新技术革命的发展，使我们进入了信息时代、信息社会……不管这种说法是否正确，信息的重要性却是确定无疑的。信息同物质、能源一样是宝贵的资源。因为它能促进物质、能源在生产中增加数量和提高质量，在使用中节约消耗和提高经济效益，因此，被称为生产中的"软要素"。另外，信息是一种无形的财富，它是进行自我调节、搞好管理的基础，是沟通企业战略与环境的桥梁，也是领导者进行决策的重要依据。

随着全球经济一体化趋势的逐步增强，消费者对产品的需求也开始趋向多样化和个性化，导致企业产品的生产周期越来越短，企业承受的压力也随之越来越大。假如企业能更快地捕捉市场信息，合理配置企业资源，优化企业生产要素，从而生产出能够满足市场和消费者需求的产品，就能占据市场主动性。

现代社会瞬息万变，一个企业要想生存和发展，就必须抓住转瞬即逝的机遇，而要做到这一点，除了企业的管理者要随时了解企业内部和市场外部情况的变化，及时做出相关决策之外，还要求企业整体从上到下必须快速响应，根据信息的变化进行应变，并加强与市场和客户的沟通，通过移动网络与客户连接起来，直接实现与客户的一对一沟通，更好地满足客户、市场的需求。

正如贝加尔公司经理贝尔蒂所说："信息是企业不可缺少的资源，是企业获得成功的关键。"在信息社会中，信息是企业不可缺少的资源，善于运用信息，企业的财富就会"无穷如天地，不竭如江河。"

信息至关重要，而且铺天盖地地向我们涌来，我们该如何搜集到对自己有用的信息呢？这就要求我们善于观察、善于思考，也就是说，只要我们对信息的敏感性强，就能捕捉到有用的信息。

敏感性来源于善于思考、善于联系、善于挖掘，并能透过信息表面来感知隐含的对自己有用的内容。这就好比在荒原上寻宝，"宝"不可能明摆在你的面前，要通过它表明的异常信息，判断"宝"可能就在下面，然后把"宝"挖出来。如果真要等到眼睛看到"宝"才弯腰去捡，那几乎没有可能，大量的信息都已经从你身边溜过，从而失去了许多发展机遇。

尤其是在云商经济的条件下，信息资源无穷无尽，并呈爆炸式发展，在这个信息极其发达的时代，通过云商经济圈内成员的相互交流，我们可以得到所想得到的任何的信息资源。比如消费者需求信息、生产流通信息等，拥有这些资源，也就意味着我们拥有了发展的机遇。再加上云技术的应用，让信息传播的速度也更加的便捷和快速，这自然能推动我们的企业不断向前发展。

贡献剩余资源：加入云商经济圈
不是竞争，而是合作

2000 年 3 月，韩国电信巨头韩国通信与中国电信（香港）有限公司达成战略协议，合作拓展中韩两国之间的互联网线缆，开展多种国际数据服务业务，并联合从事市场营销活动。2000 年 5 月 26 日，我国最大的制冷企业科隆集团与最大的洗衣机生产企业小天鹅集团签署合作协议，双方就电子商务等多个领域进行广泛合作。其实从 20 世纪 80 年代开始，企业之间的合作联盟相继在西方国家的企业中迅速发展。至 20 世纪 90 年代中期，我国的企业也相继采用了联盟这一方式。

竞争一直是市场经济的基本规律，一个企业的成长史，就是一部历经千辛万苦、不断展开竞争的历史。竞争作为企业的生存之道，既是企业的资源、能力、行动和理念的综合体现，也是时刻左右着、改变着企业资源、能力、行为和理念的具体存在形态和配置结构。在传统的工业经济条件下，由于社会经济环境变动的速率相对较小，市场环境相对于企业来说，是在其有限的生命周期内，可以规定为外部的静态的变量。在这样的环境下，大部分企业的任务是在相对静态的市场格局内站稳脚跟，进而想方设法扩大自己在市场格局中的影响力和控制力，是几乎不择手段的残酷竞争，低成本策略、低价格扩张策略是司空见惯的手法，竞争之惨烈让人不忍目睹。"商场如战场"这句话是对传统工业经济时代条件下的企业竞争态势的鲜明写照。

随着时代的发展，客观上要求企业的竞争态势从根本上发生转变，尤其是知识经济和信息经济的来临，大大改变了企业的生存环境和竞争格局，像工业经济时代那种静态的市场格局荡然无存，一切都在快速地变化着。市场的小型化、快速性和技术的快速更替，使得没有哪个企业可以单独地应对这么快速变化的市场。企业要想在这样的形式下生存和发展，就是要具有快速反应的能力和快速创新的能力。能力和知识在整个社会范围内分布的高度流散性，决定了企业只有充分地利用外部资源和能力，只有联合起来，才能形成更强的综合力量，才可以去应对市场环境的挑战。这样，企业与企业之间的关系就要从竞争转向合作。

在云商时代，企业之间的竞争已开始向跨行业的云商经济圈竞争过渡。企业仅仅作为云商经济圈上的一个环节而存在，它的发展完全依赖于源头及上、中、下游整体经营活动的状态。只有当云商经济圈上的所有企业达到管理最佳、技能最优、效率更高的境界，或达到产业链整体最优的程度，才能居于市场领先的地位。相反，跟不上云商经济圈步伐的企业将会被淘汰出局，不适应市场竞争的云商经济圈的产业链将会"全军覆没"。由此可见，之前的企业间的竞争，应该发展到企业间的合作，这里包括云商经济圈上下游的合作，这样便可以增加云商经济圈的综合竞争力，更大一点，不同的云商经济圈之间也可以相互合作，这样也能增强本身的竞争力。

无论是云商经济圈内还是与圈外企业合作，最主要的就是贡献剩余资源，我们都知道之所以建造云商经济圈，是希望凡是加入经济圈的企业，都可以整合到本企业外部的资源，从另外一个角度讲，这就需要企业要贡献自己的剩余资源给合作伙伴，只有这样才能真正建立合作关系，达到共同成长，增强整个云商经济圈的实力，组织的实力强大了，本身的实力也就强大了。

这也是我们建造云商经济圈这个组织的目的所在，我们就是为各云商提供整合外部资源、贡献剩余资源的平台，从而在合作中实现共赢。

选择互补资源：交互许可，双向购买

上节我们说到，云商经济圈建造的目的就是为企业和企业间建造一个相互合作、资源共享的平台，只有资源共享才能共同获利。

俗话说："没有永久的敌人，也没有永久的朋友，有的只是永久的利益。"当企业能够共同发展，获得企业利益，一切方式都成为可能，云商经济圈条件下的资源互补、双向购买必然是企业间关系发展的大趋势。

乔布斯从来没有想到会与竞争对手合作，但事态的发展还是让苹果公司走上了这一步。

1997年8月6日，乔布斯在波士顿的公司年会上与出现在大型电脑屏幕上的微软公司总裁比尔·盖茨一同宣布：微软公司将投资1.5亿美元购入部分苹果公司股票，并在今后的五年内向苹果公司提供适用于麦金托什电脑的操作系统、Office软件等，由此，苹果公司和微软公司正式建立了合作关系。

为了确保合作顺利，微软和苹果都费了一番力气，由于之前两个公司所开发的操作系统互不兼容，自成一体，必然形成分歧。为了打破这个分歧，乔布斯负责他最擅长的硬件，而盖茨则负责他最擅长的软件设计，这就实现了企业资源的互补，优化资源配置，促进先进技术的研发与应用，从而达到扩大市场份额的目的。

功夫不负有心人，事实证明他们资源互补的这一行为是正确的，麦金托什在市场上取得了巨大的成功。这次合作为两家公司都带来了巨大的利润，可以说是获得了真正的双赢。

云商经济圈平台下的企业之间也应当像苹果和微软那样的相互合作、资源互补，共同提高企业竞争力。我们曾经说过打造云商经济圈的目的就是使云商们都能获得更多的利益，所谓无规则不成方圆，为什么只有在云商经济圈这个平台上，企业之间才能通力合作，换句话说，云商经济圈到底有什么策略，使得企业间资源可以更好地整合，维护好战略伙伴关系呢？下面我们对云商经济圈的资源整合和股份合作这两大策略稍微解释一下。

为了使云商经济圈的成员更好地获取利益，资源整合是一种有效的方式。作为资源本身，它并不能带来竞争的优势，因此需要对各种资源加以整合，从而形成核心竞争力。具体方法是，将分散的资源和能力组合成统一的核心竞争力；或将个别的资源和能力组合为集体的核心竞争力；或将局部的资源和能力组合为整体的核心竞争力；或将不同的资源和能力重新组合为新的核心竞争力；或将内部的和外部的资源和能力组合成一个整体核心竞争力；等等。

在合作的方式中，股份合作是一个较为重要的方式，也是合作企业之间如何"分蛋糕"的方法。股份合作制将利益的划分直接和投入挂钩，你投入的越多，产出的越多，获得的利益也就越大。这为合作企业之间提供了一个相对公平的利益划分方式，这种方法可以使得双方更多地关注合作，而不是将目光的焦点聚集到谁获得更多利益上，只要两者共同合作，做的"蛋糕"足够大，不怕分不到，也只有这样大家分得的利益才足够大。

有规则、有策略，还需要云商们去执行，如果企业间发挥好执行力，充分利用好云商经济圈这个资源整合的平台，那么也必然会像苹果和微软那样取得巨大的成功。

建立圈内文化：消费者之间的网状沟通

当管理和物质激励不能完全奏效时，强大的圈内文化凝聚力就显得至关重要。

近日，关于华为第二次极限的讨论在业界引起广泛关注，像华为、联想、中兴这样的优秀民族企业，在面对以后的国际竞争时，都会不同程度地面临着积累国际化经验、政策壁垒、成本控制和调整商业模式等方面的挑战。换句话说，"通向世界级企业的最后几级台阶"确实"将会越来越困难"。

从吸引人才方面来说，吸引人才主要依靠三个方面的内容，包括远景期望、现实回报和文化亲和力。比如像华为这样的企业，员工对公司远景的预期无疑会受到现实回报的极大影响。在竞争日益激烈的今天，尤其是通信和IT行业这些高科技行业，决定了同类产品的价格会不断降低，这会导致企业利润的增长慢于销售额的增加。另外，随着本土企业国际化的推进，国外拓展成本的提升必然会导致公司总体成本的增加。在这样的形式下，本土的民族企业就不能指望长期以高于国际竞争对手的薪酬、福利和股权等方式来吸引人才。

同时，人既是"经济理性"人，也是"情感"人，所以，才有了我们文章开头那句话，当管理和激励手段不能完全奏效的时候，强大的圈内文化凝聚力就显得至关重要。

在战争年代，"党支部到连队"确保了军队的战斗力。在市场竞争激烈的非常时期，企业决策者在忙于各种正面竞争的同时，也许应该想想如何建立一支能真正代表员工心声的专职组织文化团队，而不是简单的人力资源部。它就像是军队里的"政委"那样，负责组织文化、思想打造的责任。

同样是一个组织，云商经济圈也需要打造圈内文化。圈内文化是一个组织及其价值观、信念、仪式、符号、处事方式等组成的特有的文化形式，是组织为解决生存和发展的问题而树立形成的，被组织成员认为有效而共享，并共同遵循的基本信念和认知，圈内文化集中体现了一个组织经营管理的核心主张，以及由此产生的组织行为。

美国学者约翰·科特和詹姆斯·赫斯克特认为，企业文化是指一个企业中各个部门，至少是企业高层管理者们所共同拥有的那些企业价值观念和经营实践。云商经济圈由众多的云商组成，不同的云商肯定有不同的企业文化，我们只有形成统一的圈内文化和价值观，这样才能引导来自不同云商的组织成员的个体目标向组织总体目标靠拢，达成云商成员和云商经济圈实现共赢的目标。

云商经济圈圈内文化是一种潜在的力量。这种潜在力量的表现和开发是以组织成员为载体达成两种沟通，一种是内部沟通，另一种是外部沟通。

内部沟通是组织文化产生价值的第一个层次，也就是组织内部成员间的沟通，包括组织中上下级，平行级，点、线、面、体全方位的沟通。形式可以是云商平台管理者提出某个议题，也可以是云商们就最关心的问题发表自己的见解，最后再由云商平台管理者将他们的这些见解集纳归整、加工处理。内部沟通的目的主要达到的效果是让云商们明白云商平台是做什么的，云商在这个组织中的角色是什么，为什么要加入云商平台这个组织，我们在组织中的作用是否为积极的并且为这个组织知晓，等等。

外部沟通并不仅限于面对面地用语言对话，其实，凡是达到信息传递目的，都可谓之沟通。对外沟通的内涵，除了向外面的人解释和回答提问，成员的积极态度，以及他们的每一个行为，都将是在无声地告诉别人一些信息，这些信息传递使得外界不是从广告而是从更直接、更真实、更可靠的方面了解该组织的生存和发展状况。

假如组织成员从不关心组织生存，加入经济圈和没加入一样，只是像机器人一样不假思索地完成任务而无须有什么想法，对于其他组织成员的建议和意见也是不理不睬，凡此种种，实乃组织发展之败笔，圈内文化建设之败笔。

圈内文化是一种新的现代企业管理理论。企业要真正步入市场，走出一条发展较快、效益较好、整体素质不断提高、使经济协调发展的路子，就必须普及和深化组织文化建设与管理，真正发挥圈内文化的作用。

"智"链整合：强化自我优势，找准弥补短板的队友

有很多老板一个星期有三四天都在高尔夫球场上。和那些一天到晚都在公司忙的老板相比，这些悠闲的高尔夫球场老板赚的钱并不少，甚至比那些整天忙的老板赚得还要多。为什么在高尔夫球场上的老板赚的更多呢？我总

结原因有以下三点：第一，他们整合到了优秀的人才，这些人都很有智慧，由他们帮助干活，自己不用干活，所以就有更多的休闲时间。第二，打高尔夫的基本上都是社会精英，经常和他们在一起，能不断地从别人身上学到很多重要的企业经营经验及做人做事的思维。第三，关键的是社会上重要的资源都掌握在这些成功人士手里，通过娱乐休闲方式，大家更容易做朋友，也自然愿意把资源拿出来和朋友分享。

高尔夫球场老板整合资源的策略对企业很有借鉴意义。现代企业最重要的工作重点，前面我们也讲过，就是整合内外部资源，只有资源得到充分整合，企业才可以非常轻松地占据竞争优势。

当然，人才智慧也是资源，而且是最重要的资源。市场经济其实是竞争经济，市场竞争的核心是人才智慧的竞争，人力资源尤其是其中的优秀人才无疑是企业无形资产和竞争制胜的法宝，谁拥有了优秀的人才，谁就掌握了这一无价之宝，谁就拥有了市场竞争的主动权。

高尔夫球场的老板为什么挣钱的原因，首先是因为他能够整合到优秀的人才，拥有智慧的团队，不然，公司有一大堆烂摊子没有人处理，我想这个老板是不会悠闲地每天打高尔夫的。其次是和这么多精英人才相接触，这些都可被看成是人才资源的整合。

其实，我们打造云商经济圈这个平台，目的就是为各个云商企业提供资源整合的平台，当然也包括人力资源的整合。什么是人力资源整合？人力有什么重大的意义？我们该采取什么策略对人力资源进行整合？这是下面我们要讨论的问题。

所谓人力资源整合（HRI），是依据战略与组织管理的调整，引导组织内各成员的目标与组织目标朝同一方向靠近，从而改善各成员行为规范，提高整个组织绩效的过程。

由于云商经济的成员是众多的云商企业，企业里又具有众多的人才，一旦将这些人力资源整合起来，那么效果就不同凡响。当然，这个难度也相当大，因为他们属于不同的组织，具有不同的企业文化和价值观。作为云商经济平台管理者，就要充分运用组织制度、组织激励、组织文化等手段，与组织成员在目标、价值观、愿景等方面进行相互磨合、相互适应、相互促进、共同提升，形成高凝聚力的团队；同时，还要通过测试、培训、评估和激励等一系列手段对组织内的人力资源进行结构性的优化、重组以及挖掘其潜能。

人力资源整合的对象是"智慧"，主要包括两方面的内容：首先是人力资源的开发，就是通过培训教育、激励机制、合理实用人才、建立完善的薪酬体系等一系列手段，达到人尽其才、人尽其能，从而充分调动员工的工作积极性及创新能力，并最终达到提升整个组织活力的目的。其次是人力资源的调配，对人力资源进行科学的、合理的调配，达到人力资源的"效益"最大化。

通过上面提到的企业文化、人力资源管理制度和企业组织结构等方面的整合，使组织人力资源得到科学、合理的调配使用。值得注意的是，人力资源整合需要遵循一定的原则。如表7-1所示：

表7-1 人力资源整合要遵循的原则

原　则	说　明
平稳过渡	员工讨厌冗长的整合过程，这应该是基本常识。因此逐渐过渡的方式会导致问题迟迟不能解决，从而达不到激励士气的作用。可行的方法是先确定组织所要达到的目标，再全面规划、扎实推进，以求平稳过渡，在实施各种整合方案的同时，充分进行合并各方管理者与管理者、管理者与员工的有效沟通，以尽可能减少振动和平稳过渡为标准

原　则	说　明
因地制宜	企业是人的集合体，著名经济学家舒尔茨曾说过，当代高收入国家的财富是靠人的能力创造的，而且一个正常健康的人也仅仅只发挥了他们10%的能力。所以调动人们的积极性是整合的目的，这要求我们不拘泥于某一种固定形式，而应该机动灵活，综合使用各种方法来调动人的积极性
以人为本	我们对人才的标准是德才兼备、有创造性、贡献较大。由于云商经济圈是将各个云商企业的人才资源都整合到一起，面对这样的一个新组织，也许很多人才大量的流失就是因为对这样的新环境无法适应，这就需要我们发现人才，并适当地保护人才，建立充分的沟通体质，这样才能合理地运用人才
成本效益	人力成本是组织生产经营成本的重要组成部分。降低人力成本自然是降低组织成本最简单的方式，但是，我们绝对不能降低员工的报酬，而是以降低最优群体所形成的成本为标准，比如，我们可以用高报酬留住顶尖人才，然后在他这个小组织内安排一些低报酬的员工。因此，降低人力成本应以人力资源知识结构优化组合为前提
组合方式	人力资源整合因合并的形式、目的、时间、环境与对象的不同，可选择不同的组合方式，没有一种绝对最佳的方式适合于所有组织的资源整合。应针对具体问题具体分析，应充分考虑环境、条件、对象、时间等多种因素，确定多种方式，并将这些方式加以科学组合

"财"链整合：改善投、融资环境，构建投、融资平台

在传统的观念中，只有拥有更多的资本，才能赚到更多的财富。云商经济圈是一个最为方便、快捷、高效的汇聚财富之地。云商经济圈能提供最大限度的生产力，汇聚最有实力的企业，同时拥有自我调节能力，能形成强强

联合、规模效用和财富的聚拢。

广东的卢俊雄 25 岁就成为当代中国最年轻的亿万富豪，他在一年内，同时开展了百货中心、今金购物城、东方车行和美食城四大项目，这没有雄厚的资金或银行做后盾根本做不到。其实，卢俊雄是通过整合他人的资本与其他资源才做到的，其中打造财富生态圈就是他多种致富方法中的一种。

1992 年 12 月，卢俊雄的华龙公司在广州建造了一座城市百货中心，由于卢俊雄采用独特的租赁方法，以每年都可以退租金的方式吸引租户，这样华龙公司一下子就收到 1000 多万元的资金。

赚了一大笔钱的卢俊雄看到了利用社会资金的快速挣钱模式，于是又在西华路上投巨资建成了"今金购物城"。善于利用整合方式的卢俊雄又巧妙地把租金与土地联系在一起，他采取的方法是公司不但每年向租者退还 5% 的租金，而且每租 1 平方米就可以得到公司赠送的 1 平方米位于新塘的土地，这样，卢俊雄又得到了 4400 万元的资金。

接下来，他又看准了汽车服务业，于是开始筹建"东方车行"，又改变了操作方式，华龙公司又得到了 750 万元的租金。但是每年返租商户的钱，卢俊雄并不愿意自掏腰包，这次，他又整合了一个新的项目，从新项目的收费中来解决返还租金的问题。

1992 年广州市政府下达指令，凡是大小排档一律在两年之内进屋经营，卢俊雄敏锐地看到商机，当机立断，建美食城。这次卢俊雄采取的是按月收取租金的方式，因为开排档的摊主资金有限，而且他们有限的资金还要用于进料等周转，结果给卢俊雄带来了 600 万元的资金。

卢俊雄通过这四个项目的整合，构成了一个成熟的、高度密集的财富生态圈，在一个个财富圈的不断发展和演变中，让身处其中的商户们与卢俊雄共存共荣，各个财富圈也通过相互制约、转化、补偿、交换及适应，最终实现了整个商户与商城的和谐发展，逐步建立起圈与圈之间动态的和谐、平衡。

资金是一个企业、一个组织运营的"血液"，没有资金，组织及其管理团队就无法生存，钱不是万能的，但是对于企业而言，没有钱却是万万不能的，所以对于一个组织来说，能否快速、高效地整合、筹集资本，是企业站稳脚跟的关键。

对于一个企业、一个组织的领导者而言，要有借钱的头脑和勇气，要有借债的魄力和胆量。当然他们所借的钱也不是亲朋好友所能满足的，借钱的主要门路集中于投资商还有银行。请人投资是不错的融资方法，这其中的过程往往很复杂，合作的双方也要相互考验、谈判等，还涉及合作双方的互相考验和谈判等，我们需要谨慎处理。

比尔·盖茨曾经说过："一个善于借助他人力量的领导者，应该说是一个聪明的企业家。"善于整合资本资源是创建组织之本，善于整合资本资源是壮大组织的重要动力。

曾经辉煌无比的巨人集团，也就是无人不知的脑白金，何以像一座地基不稳的大厦说倒就倒？这和史玉柱当时的决策失误是分不开的，其主因便是那座名噪一时的楼高 70 层、涉及资金 12 亿元的巨人大厦。

时至今日有人还在评论，史玉柱根本没有实力盖如此高的大厦，这是个人狂热的一个典型之作。大厦从 1994 年 2 月动工到 1996 年 7 月，史玉柱竟然未整合别人任何资金，全凭自有的资金盖这座大厦，竟将融资搁置一旁，将保健品和电脑软件产业的生产和广告促销的资金全部投入大厦里。也就是说，是巨人大厦"抽干"了巨人的血。

你缺少资金吗？可别忘了，还有很多有资金的人正因为无法找到借贷人或者不知道投资什么而发愁呢！其实缺钱的人不是缺钱，而是缺少有钱的人脉和朋友，缺少好的项目，以及把好项目运作成功的团队和能力。

关于资金整合，企业获得融资的渠道很多，如风险投资、民间资本、银行贷款、融资租赁等，这些都是不错的融资渠道。

"物"链整合：确保无缝隙对接，优化物流通道

目前产品技术整合并非是只有腾讯、盛大、新浪这样有着多产品线的大公司才会遇到，随着云商经济圈的打造，圈内成员也会遇到产品整合协作的问题，目的很明确，就是产品之间资源共享、产品面拓展。优势尽可能最大化、加大产品的市场竞争力。

所谓产品、技术的整合，就是把不同的产品通过整理以某种方法合并、组合在一起。力争做到"集合力量出重拳，集光于一点发热"，能达到重磅产品强势出击的效果，使产品更具竞争力，增强企业的核心竞争力和持久竞争优势，减少设计新产品所带来的烦恼。

对一个产品来说，没有错误的功能，只有没应用到正确的场景的功能，而且从来就不是拥有一个创造性的功能就能成功的事情。

想要成就一款成功的产品，往往是从一个相对创造性的功能开始的，它可能前期依靠这个功能成长起来，但是，如果不具备整合能力，它所创造的功能就很快被整合走，最终，产品走向"死亡"。

所谓整合，就是把一些零散的东西通过某种方式而彼此衔接，从而实现

信息系统的资源共享和协同工作，其主要的精髓在于将零散的要素组合在一起，并最终形成有价值、有效率的一个整体。

微信便是一个整合成功的产品，语音对讲、附近的人、朋友圈、摇一摇，这些功能都是其他某个产品相对单一的功能，具备一定的市场，但是不足以支撑其壮大。经过微信将它们整合过来之后，优雅完善地协作发力，威力大增，最后才成就了拥有四亿用户的微信。

我们再来看看苹果公司的产品，也是通过整合走向成功的。iPod 是苹果实现软件和硬件第一次成功的整合；之后的 Mac、iPhone 都是这个整合的思路，只是以后的苹果产品实现了跨设备的整合。这种整合让整个苹果的生态体系更完整、更完美。

云商经济圈"物"链的整合，也就是产品整合要注意哪些呢？

首先，产品设计之初不要考虑整合。因为开发一款产品，需要云商经济圈里所有云商进行参与，正常思维下则要求各个企业预留这样或那样的接口，为以后的对接考虑。这样会造成两种结果，一种是考虑不周，总有这样或那样的方案没预想到，以后对接还是要重构；另一种是考虑周全，方方面面都很清楚，甚至是不需要的，为了后期不再重新开发及重新规划，会把产品做得很重，以适应后来整合的需要。所以，不考虑整合方为上策，否则会浪费各种各样的资源。

其次，以最快的速度占领市场。评价一款好产品的标准，可谓千奇百怪，有的按收益计算，有的按利润计算，有的按用户量计算，有的按页面访问量计算，有的按用户净推荐值。不论产品的标准以什么为前提，最好的方法就是要快速开发，并投入市场进行检查。当然，每一款产品失败和成功的概率各占50%，没有进入市场的产品也无法判断它是成功还是失败，只有投入市场，随着这款产品在市场上的表现，优化、新功能开发、更迭等都会影响到原来规划的产品功能及架构。在云商经济圈，产品的开发才会越来越快，自然对产品的改造才能更迅速，才能开发出好的产品。

市场和用户就是标准。成功的初始产品投入市场后，用户的需求会扑面而来，其中有用的需求会直接促进你的产品前景，自然也会促使你进行产品整合，到了这种地步整合自然也就水到渠成了。

当然，产品技术的整合，不是简单的功能堆砌，而是一种有机的组合。还有很多功能与功能之间不能形成整合，这样的堆砌，会让产品看起来很臃肿且不具备相互作用力，那就不牢固。整合，让产品看上去更协调且相互呼应，坚不可摧。

"商"链整合：时代在变，客户需求也在改变

自从20世纪90年代国际网络开放之后，由于资讯大幅流通，促成各行各业的大幅演进，包括产品、服务及其运营方式，这种变化也冲击到社会经济文化的发展，造成所谓的新经济或知识经济时代的来临。在这个知识近乎爆炸的时代，企业经营与消费者购物之间的关系影响相当快速及微妙，尤其是消费者的购物行为及其趋势，更是企业界急于了解及掌握的，消费者也因为各种专业知识取得容易，所以对购物的要求也相对提高。由之前的只是注意物质功能的满足逐渐演变到注重精神层面也就是情感方面的满足，这也就是所谓的感性经济与美学经济的起源。

俗话说"客户忠诚创造竞争优势",客户忠诚是制胜市场、实现企业健康发展的重要保证。这就要求我们要一切从客户出发、一切为客户着想、一切对客户负责、一切让客户满意,只有这样才能提高客户的忠诚度。

云商经济圈的云商们如何在消费者购物自主的情况下,争取客户的信任,以扩大市场占有率并进而提升企业竞争力?我们将从顾客、商品及企业三个层面进行分析,这样云商才能最大限度地整合资源,寻求合作契机,满足日益变化的消费者需求。

首先,什么是消费者自主?所谓消费者自主,就是顾客在购物的时候能依照自己的意愿与需求来决定购物行为,他们希望购物内容、时间、地点、方式以及售后服务都很便捷和供自己选择的机会多;更重要的是,他们还希望在购物的时候能得到相关专家的意见和建议。为消费者争取最大购物权益,来满足其多元化的需求,这就需要云商经济圈成员通力合作,首先快速开发新产品和能满足他们需求的产品,其次物流迅速,使交易更加快捷,更重要的是搜集消费者不同的消费意见,综合起来,来满足其购物需求与欲望,也只有云商这个快速的平台才能做到。

其次,关于企业,他们希望竭尽所能提供各种方法,来吸引顾客并争取客户的信任度、忠诚度,除了方便顾客购物外,也希望与顾客建立长久的关系。但是单个企业的资源是不足的,只有在云商经济圈这个平台上,积极发现和发展与其他云商合作的契机,才能照顾到消费者不同的背景,去满足其日益多元化的需求,这里包括商品功能、外型、品位、价格等项目。

最后,近年来企业经营管理也有大幅度的进展,企业之间的竞争发展到产业链之间的竞争,产业链绩效的好坏依赖于产业链成员,也就是企业运作的表现;同时,企业生存发展好坏与否,也都依赖于产业链在市场的表现,换句话说，就是一荣皆荣，一损皆损。基于此共识，目前企业经营管理行为往往都是建立在产业链的条件下，这要求每一个企业都要运用其本身专业，并配合其他企业，取长补短，同时配合其他消费行为专家的调查建议，做出令消费者满意的产品和服务。

所以，以后的云商经济圈，就是各类专家顾问或搜集大数据网站提出专业建议，然后经济圈的各个成员各自运用专业知识和技能，共同努力运作，来服务购物自主性越来越高的顾客群，以争取顾客的认同与支持，进而确保经济圈的竞争力。

用云商构建自己的经济圈：每一家公司和组织都是一个社交网络

说到云商自己的经济圈，我们首先还是要说一个概念，那就是企业价值观。

十几年前，我们看电视只能看中央电视台，购买儿童饮料只有娃哈哈。再看看今天，完全不一样，超市里的商品琳琅满目、数不胜数，商品已经变得严重同质化，这个时候决定消费者购买与否的不仅仅是产品的特点、包装的优劣，主要看产品所传递的一种价值观，比如当我们看到 LV，购买的并不是能背多长时间的包，而是时尚和品位；当我们去星巴克喝咖啡，看中的不是它的咖啡有多么好喝，而是悠闲的时间和氛围。

在现代，没有价值观的企业将会被淘汰出局，有价值观的企业才会做到基业长青。那么，什么是企业价值观？

所谓企业价值观，就是企业的信仰，是它对行业、对产品品质、对社会责任、对企业管理的一种态度。企业价值观是一种坚持，一种脱离了盈利的思维，一种对生活方式的判断，它才是企业的核心竞争力。

我们再来看另外一个概念——"网络"。"网络"作为一个隐喻，是对我们身处的现代社会的生动表述，整个社会结构以及社会系统的运作，都呈现出网络化的特点。从本质上来看，网络体现的是社会系统的结构。社会是由一张张形形色色的网络组成的。网络本身具有传播的特性，现代传播媒介本身就是一张巨型而复杂的信息交换网络。因此，在当今，传播显得越来越重要，因为传播活动本身体现了信息、资本以及物资在整个社会系统中的流通。

一提到"网络"我们就会想到"互联网"，也就是由计算机和光纤电缆所编织而成的信息交互网络。的确，在过去的几十年间，计算机、通信、材料技术急速发展，互联网以前所未有的速度普及到千家万户，不同程度的网络应用已经渗透到现代人生活的方方面面。如果说在电子邮件时代，网络仅仅可以满足人们5%的社交需求，那么今天丰富的社交网络已经把这个数字至少提升了10倍。作为"非接触型"的社交方式，网络社交占据了人类社交的80%以上，这意味着社交网络对传统世界必然会带来巨大的影响。对于企业也是一样，他们也同样需要社交，需要建立自己的圈子，形成相同的企业价值观，因为也只有这样，才能聚集标签相同的粉丝，用他们共同的信仰、共同的理念吸引用户，并满足用户的需求。

社交网络其实并非仅仅指互联网，在没有互联网的时代，通过各种展会、沙龙、研讨会，以图片、书、文字，甚至口口相传，构建成基于口碑的人际网络，也是一种社交网络，只是互联网的出现，移动终端的崛起，降低了沟通的门槛，让基于社交网络的传播更加迅猛。

云商经济圈是一个巨大的平台，也自然会是一个巨大的网络，在这里信息流通十分便捷，整合资源成为常态。但是很多云商会有这样的顾虑，能否打造属于自己的经济圈，还是只能被动地参与到别人打造的经济圈之中，回答是肯定的，其实我们成为云商进入云商经济圈，从某种意义上讲，我们已经建立了合作的关系，拥有了自己的圈子，别人的资源为我所用，我的剩余资源也有用武之地，这自然是一个圈子的作用所在。

当然，想要做一家伟大的云商公司，始终还是要做自己的社交网络，和别人合作是第一步，然后是建立自己的经济圈，使信息沟通更加便捷，这不是天方夜谭，而是各种条件下决定的必然结果。初始条件是固定的，我们具有良好的交流平台，在这个环境中，我们可以自由地与他人互动、交流，剩下的条件就需要企业具有企业价值观，建立自己的经济圈，也就是将一批具有相同企业价值观的企业聚拢到一起，开发产品和服务，服务共同的粉丝，从而创造价值。

在云商时代，每家公司本质上都应该是一家社交网络公司，运用社群的理念，通过各种社交网络工具和模式开展经济圈建设、开展用户运营，这是发展特色云商经济圈的目的所在。

粉丝思维：没有消费者，没有用户，只有粉丝

美国媒体曾经有这样一则评论：也许你认识的中国人不多，但是你认识

的中国人中肯定会有一个"米粉"。

北京小米科技有限责任公司从中关村的一个只有几个人创业的小公司，迅速成长为目前市值已经达到 100 亿美元的大公司，而且它的产品小米手机的销量远大于苹果。小米手机并没有什么特殊性可言，但它却有其独特的魅力，能够在数分钟内被抢购一空。小米是怎么做到的？坦言之，小米就是在模仿苹果，业内人士称小米为"中国的苹果公司"，小米的创始人雷军也被称为"中国的乔布斯"。

小米公司在宣传和营销方面很大程度上都是在向苹果公司学习，就连小米的新品发布会也与苹果的发布会极其相似。比如，雷军在发布会上穿的黑T恤和牛仔裤与乔布斯的着装非常相似，他站在大屏幕前用声情并茂的演讲介绍他的新产品等，小米公司给"米粉"们一个个惊喜，包括优惠，也让观众一次次地沸腾，俨然雷军和他的产品是大明星，而这些消费者、用户，则如同那些狂热的追星族一般。

小米和苹果的成功，是因为他们抓住了这个时代的主旋律。现在是一个粉丝时代，创造的是一个极端社交和圈子文化的时代，小米和苹果清楚地认识到在这个时代，被称为"粉丝"的用户越来越值钱。

这些粉丝用户最大的优点就是盲目性，他们对产品的盲目热爱，对问题的宽容乃至视而不见，他们可以一代一代地不停地购买产品，还会将产品不断地推荐给他人。结果我们发现，很多不是很好的纪念产品卖得反而不错，因为这些粉丝们并不在意产品的质量，更在意的是自己参与的感受。

另外，忠实的粉丝往往是最专业、最热心、最挑剔的用户，你的产品只要做的性价比满足他们的需求，他们就会毫不吝啬地把自己的体验传播出来，也会毫不犹豫地成为购买者，还会自觉地成为积极的推销者、义务的宣传员、免费的客服，甚至是免费的售后工程师。基于此我们会明白，为什么雷军在开始的时候就去模仿苹果公司，粉丝思维的确能给企业带来很多利好。

这也是我们每个云商企业要学习的，对于自己的核心用户群时刻保持巨大的吸引力，并且尽可能提高这些核心用户的活跃度以及转换率，甚至更进一步，就像小米那样，把这些用户打造成自己的粉丝。这当然不容易，这需要让用户获得真正的极致的体验。

首先，为用户带来其难以抵挡的价值，这种价值是建立在非常贴心的专业服务上。以摇篮网为例，从 2008 年开始，摇篮网就推出了婴幼儿能力发展测评和个性化指导的科学育儿系统，以及天才妈妈培训班服务，通过多达 100 多万人次的测评，使得摇篮网获得了大量的一手用户信息，涵盖婴幼儿的方方面面，这些大数据对于广告客户——婴幼儿用品企业非常珍贵，因为他们可以更加精准有针对性地进行广告投放，摇篮网也一跃成为婴幼儿产品企业最佳的广告投放平台，不仅如此，"天才妈妈培训班"还通过互动，在给妈妈们进行育儿教育的传递过程中，把一些广告主的产品知识巧妙地融入进去。

其次，为用户带来极佳的过程体验。为此，需要从以下三个方面努力：

第一，不要为了商业利益，伤害用户。我们以面向儿童群体的淘米网为例，它的一款社群化产品《摩尔庄园》，广受家长好评，《摩尔庄园》为了给孩子提供一个安全、洁净的环境，始终警惕商业化的深入，而且还严格限制孩子的在线时间，以免孩子的过度依赖。所以如果现在竞争中胜出，一个底线性的策略就是要时刻保持对服务的警惕，避免用户转网，实现用户真正的、长久的忠诚。

第二，为核心用户提供良好的交互感受。以女性购物分享社区"美丽说"为例，它曾经与海豚浏览器合作，推出一款女性浏览器，在这个浏览器上可以帮助女性用户分享购物经验、搭配秘籍、当红好店等诸多信息，这款定制的浏览器还有助于客户获得更多的时尚信息，而且在交互上更加优越、便捷。

第三，为用户"建档"，能保持对核心用户群的持续吸引力。为此要做到两点：一是对客户数据进行长期积累。凡是有过购物经历的顾客，无论通过什么渠道，他们的资料都会被录入企业的大数据库，而且这个数据库包含得非常细，包括购买趋势、偏好流行时尚等信息。对这些数据的分析，为以后企业的产品设计、销售、客服、物流都将提供有力的决策依据。二是要对于数据进行足够专业化的挖掘。如果真正站在用户的角度考量的话，每个用户都是独特的，他们都在选择自己最合理的时尚解决方案。所以，一个专注于某个特定目标用户的平台，围绕他们海量的数据，用时尚领域当中的关键词把他抽取出来，然后在词与词之间建立某一种联系。只有与目标客户群的潜在需求进行适配，才能真正获得客户的满意，进而转化为真正的购买行为。

云商经济圈为云商提供了一个信息流通迅速、资源无限制整合的平台，这自然也能带给消费者意想不到的产品体验，我们的题目是"没有消费者，没有用户，只有粉丝"，的确，作为云商，我们有能力给予消费者最大化的价值，但问题是认知的改变。他们不是我们利益的牺牲品，当然也不是我们欺骗的对象，他们是我们最忠实的朋友，只有认识到这一点，我们才能获得他们的充分信任。

统筹协调，创造圈中圈：在大的云商经济圈之下发展行业圈或类别圈

今天的竞争已经不是一个企业和企业之间的竞争，也不是品牌和品牌之间的竞争，而是整个品牌所承带的全产业链，即农工商贸研的全产业链跟另外一个产业链的竞争。换个角度来说，在云商经济条件下，单枪匹马的企业无法面对激励的市场竞争，只有将企业置身于某个产业链，通过与产业链上下游的企业联合起来，才能在市场竞争中占据一席之地。所以说，企业要想生存和发展，必须参与到某个圈子里，当然，我们在这里说的并不是整个云商经济圈。

前面我们也说过，云商经济圈是一个综合云商，就像沃尔玛超市那样，具有众多琳琅满目的商品，也就是由不同的产业链组成的。其实云商经济圈就好像是一个大圈，大圈里包含着许多的产业链，产业链又是一个小圈，这样圈圈相扣，形成一个资源丰富的平台。

这些圈子与圈子的关系又是怎样的一种情况呢？中国著名的社会学家费孝通在《乡土中国》中提出了"差序格局"的概念，也就是说每个人都以自己为中心发展出一个个与自己或近或远的关系圈，但是每个人都处在不同的"圈子"中。作为一个企业也一样，企业以自己为中心处在某个经济圈里面，但同时又是别的经济圈的某个成员，因而这些圈子之间，也因为企业的存在而变得十分亲密。

同时，我们也需要积极地开发属于自己的产业圈，在云商经济条件下，我们有条件和能力构建自己的经济圈，现在消费者需求的高度专业化、精准化要求我们提供的产品也要符合这个特征，要将我们的产品做到同类产品最专业的。这个时候，我们就需要利用这个精细的小圈子的力量，打造尖端的产品，为特定人群提供定制的服务，满足这一类人的需求，从而转化为购买行动。

大的云商经济圈只有随着其内部的各个小的经济圈的发展壮大，自身的力量也才能发展壮大，小的经济圈的壮大也要依附于大的云商经济圈，依靠它的资源、它提供的良好的氛围，才能更好地生存、发展和壮大。

发展特色云商经济圈要求的是全面的发展，这里包括经济圈的每一个云商企业、每一个产业链、每一个小的经济圈的发展壮大，也只有这样它才能发挥作用。

案例：阿里巴巴平台开放，打造行业经济圈

目前云商经济圈的打造，在国内尚未形成，从电子商务公司"老大"阿里巴巴的各种举措中，我们可以看出它就是在往这个方向发展。

在平台开放方面，国内做得最好的莫过于2014年刚刚上市的阿里巴巴，它从诞生那天起，就是要做这样一个为企业和消费者服务的平台。只要你的商品合法，就可以拿到淘宝上来出售；只要你有能力，无论是客服培训、健身休闲、模特摄影都可以在淘宝上提供服务。

淘宝开放平台是指由淘宝网提供的，面向第三方的开放式电子商务服务基础服务框架，目的是在以开放 API 为契机，形成一个多接口的开放性平台，吸引大量的合作伙伴聚集成为一个商业生态系统，这其实就是云商经济圈的雏形，只是现在的云计算技术还未被电子商务企业广泛应用。

2008 年淘宝率先实行开放策略，2009 年 6 月淘宝开放平台上线，大淘宝生态圈开放平台雏形基本建立，IT 合作者可以基于淘宝 API 为淘宝卖家开发产品。淘宝开放平台大致经历了以下几个阶段：

2009 年 12 月，"淘拍档"正式对 23 家合作伙伴授牌。由此，淘宝开放向卖家服务领域全面延伸；"淘拍档"是淘宝对于高级合作伙伴的简称，它们都是在淘宝专业领域获得成功的合作商。以"淘拍档"之一的"管易软件"为例，这是 2009 年年底开始创业的团队，公司 200 多人，为淘宝的卖家提供 ERP 服务，为帮助卖家提高管理效率，2010 年，其全年营收就超过3000 万元，在淘宝卖家中颇具知名度和影响力。

2010 年 1 月，面向淘宝卖家的软件服务平台"淘宝箱"也正式上线了，主要为淘宝第三方 IT 类产品提供软件销售平台。它不仅为草根及其他开发者提供了海量用户的广阔市场，更提供了技术研发、市场推广、收费体系到客户服务等全方位的支持和服务。

到 2010 年年底，"淘宝箱"升级为"淘宝服务平台"，提供了 200 余款卖家工具，近百万卖家在选购和使用这些第三方工具，不到一年的时间，已出现 10 个年盈利百万元的应用。现在淘宝上已经诞生了很多第三方明星工具，比如小艾分析、e 店宝、好店铺、淘大奖等营销分析和统计软件、视频服务、Nokia Widget、试衣间、淘宝手机购物等应用。以独立开发者李勇的作品"收藏有礼"为例，其单日收入就达 8.4 万元；还有"小艾分析"，这是一款第三方提供的数据统计类工具，共有超过 22 万淘宝卖家在使用。

淘宝推出经济圈平台，正是要把淘宝网的商品、用户、交易、物流等一系列电子商务基础服务，像水、电、煤一样输送给有需要的消费者、商家、开发者、社区媒体和各行各业。这正是"大淘宝"战略的精髓，其实质就是坚持经济圈平台的打造，增强整合行业的综合实力。

为了推动"大淘宝"战略，2011 年已定位为淘宝开放年，淘宝将拿出 3 亿元扶持资金帮助开发者成长，淘宝将在卖家业务、买家业务、无线、物流等领域全面深度开放，引入第三方开发者、企业、服务商，共同推进电子商务生态圈高速健康发展。在原有 PC 端卖家类应用开放的基础上，第三方业务向买家和移动领域全面展开。

当然取得的成就也是不凡的，到 2010 年年底，已开放 300 个 API，每天调用量 7 亿次，注册合作伙伴 11 万人，上线运营应用 3 万个，使用应用卖家 100 万人，卖家收入 1650 万元。淘宝将在未来三年投入 3 亿元，用来扶持第三方伙伴的发展。如今，淘宝已成为拥有 3.7 亿个注册用户、数百万商家、单日峰值交易 19.5 亿元的庞大的零售商圈，并改变了社会主流生活方式。可以看出，淘宝平台的开放是从 IT 类卖家服务领域切入的，然后延伸到卖家服务的领域，再向买家领域拓展；另外，淘宝平台则是从 PC 端的开放向无线开放拓展。

淘宝开放平台发展三年来，真正地给卖家和买家创造了价值，也使淘宝的服务更加完善，平台更有吸引力。以唐狮服装官方旗舰店为例，接入淘宝开放平台之前，每天的订单处理能力在 600 单左右，接入后达到 1500 单以上；接入后工作人员由 4 人缩减到 1 人；因发货不及时的退货率由原来的 15% 降低到不足 0.1%，客户满意度大大提升。

　　总结淘宝开放平台的成功经验，概括起来主要是：要有开放的胸怀，保持平台开放的公平性、原则性；向合作伙伴开放用户数据、用户关系、流量等核心价值；合作共赢，让合作伙伴不断成长；始终坚持客户第一的观念，并落到实处；保证 API 调用数据的成功率、稳定性和安全性。

参考文献

［1］姚宏宇，田溯宁．云计算：大数据时代的系统工程［M］．北京：电子工业出版社，2013.

［2］阿尔杰．大数据云计算时代数据中心经典案例赏析［M］．曾少宁，于佳译．北京：人民邮电出版社，2014.

［3］陈光锋．互联网思维——商业颠覆与重构［M］．北京：机械工业出版社，2014.

［4］王易．微信营销与运营：策略、方法、技巧与实践［M］．北京：机械工业出版社，2013.

［5］王金泽．微信营销完全攻略（实战强化版）［M］．北京：人民邮电出版社，2014.

［6］于久贺．微信电商，这样做就对了［M］．北京：机械工业出版社，2014.

［7］杨正洪．智慧城市——大数据、物联网和云计算之应用［M］．北京：清华大学出版社，2014.

［8］涂子沛．大数据：正在到来的数据革命［M］．桂林：广西师范大学出版社，2013.

后　记

时至今日，不知不觉中我们已经进入了云商经济时代，这是一个超越了后工业时代和电子商务时代的崭新时代。对少数身居垄断优势地位的人来说，这是一个最好的时代；对绝大多数社会弱势群体而言，这是一个最糟糕的时代。

社会的分化和资源的集中让越来越多的人看不到希望，绝望似乎成了社会的主题词。然而，正如老子所言："祸兮福之所倚，福兮祸之所伏。"希望往往诞生于绝望的极点。正是由于资源的极端分化，使得弱势资源破裂为若干细小的颗粒，彻底失去了独成一体的可能性，现实的残酷让其断了自力更生、自给自足的传统念想，反而为其敞开怀抱、潜入社会、二次重组创造了契机。在资源整合这个唯一崛起的希望面前，每一个社会成员都开始思考整合的力量。

云商经济圈正是在这一时代背景下即将孕育而生的资源整合圈。每一个细微的个体因为自身的弱小和迫切的需求放下几千年的封闭与成见，打破思维整合在一起，交换剩余资源的同时更是促进了资源的壮大。通过云技术构建起来的资源交换网络，让每一个云商经济圈内的个体都形成一个封闭与开放并存的资源共生体。

荀子云："不积跬步，无以至千里；不积小流，无以成江海。"在云商经济时代，整合资源比创造资源更重要。只有融入属于你的云商经济圈，在云商资源宝藏里获取你的成长动力，每一个微小的个体都有可能以小博大，创造奇迹。

从此时此刻起，你就不是一个人在战斗！